Hinduísmo: conceitos, tradições e práticas

SÉRIE PANORAMA DAS CIÊNCIAS DA RELIGIÃO

DIALÓGICA

EDITORA intersaberes

O selo DIALÓGICA da Editora InterSaberes faz referência às publicações que privilegiam uma linguagem na qual o autor dialoga com o leitor por meio de recursos textuais e visuais, o que torna o conteúdo muito mais dinâmico. São livros que criam um ambiente de interação com o leitor – seu universo cultural, social e de elaboração de conhecimentos –, possibilitando um real processo de interlocução para que a comunicação se efetive.

Hinduísmo: conceitos, tradições e práticas

Willibaldo Ruppenthal Neto

EDITORA
intersaberes

Rua Clara Vendramin, 58 | Mossunguê | CEP 81200-170 | Curitiba | PR | Brasil
Fone: (41) 2106-4170 | www.intersaberes.com | editora@editoraintersaberes.com.br

Dados Internacionais de Catalogação na Publicação (CIP)
(Câmara Brasileira do Livro, SP, Brasil)

Ruppenthal Neto, Willibaldo
Hinduísmo: conceitos, tradições e práticas/Willibaldo Ruppenthal Neto. Curitiba: InterSaberes, 2020. (Série Panorama das Ciências da Religião)

Bibliografia.
ISBN 978-85-227-0278-7

1. Hinduísmo 2. Hinduísmo – História I. Título. II. Série.

19-32184 CDD-294.5

Índices para catálogo sistemático:
1. Hinduísmo 294.5

Cibele Maria Dias – Bibliotecária – CRB-8/9427

1ª edição, 2020.

Foi feito o depósito legal.

SUMÁRIO

7 | Apresentação
12 | Como aproveitar ao máximo este livro
15 | Introdução

16 | **1 Em busca de definições**
16 | 1.1 O que é o hinduísmo?
23 | 1.2 Quem pode ser considerado um hindu?
31 | 1.3 Vários deuses ou um?
36 | 1.4 Do vegetarianismo à carnificina?
42 | 1.5 Hinduísmo ou hinduísmos?

51 | **2 Desenvolvimento histórico do hinduísmo**
51 | 2.1 Uma longa história
56 | 2.2 A religião védica
66 | 2.3 A religião bramânica
72 | 2.4 A religião upanishade
79 | 2.5 A religião devota
84 | 2.6 A religião purânica

95 | **3 Textos sagrados do hinduísmo: o que é ouvido e o que é lembrado**
95 | 3.1 Categorias dos textos sagrados do hinduísmo
96 | 3.2 Os *Vedas*: as revelações
104 | 3.3 Os *Brāhmaṇas*, os *Aranyakas* e os *Upanishads*: os comentários
114 | 3.4 Os *Dharmaśāstras*: as leis
119 | 3.5 Os *Itihāsas*: as histórias épicas
124 | 3.6 Os *Purāṇas* e os *Tantras*: as lendas e os mitos

136 | **4 Diferentes caminhos a serem trilhados no hinduísmo**
137 | 4.1 *Karmamārga*: o caminho da ação
143 | 4.2 *Jñānamārga*: o caminho do conhecimento
149 | 4.3 *Bhaktimārga*: o caminho da devoção
156 | 4.4 *Puruṣārtha*: os objetivos da vida

164 | **5 O hinduísmo além da religião**
165 | 5.1 O casamento: entre a família e o Estado
172 | 5.2 A ambiguidade em relação às mulheres
178 | 5.3 O sistema de castas e os intocáveis
187 | 5.4 Em vista de novos tempos

197 | **6 Os princípios de vida no hinduísmo**
197 | 6.1 *Āśramas*: as fases da vida
211 | 6.2 *Ṣaḍdarśanas*: as seis filosofias
218 | 6.3 *Prāyaścitta*: expiações e peregrinações

228 | Considerações finais
231 | Referências
242 | Bibliografia comentada
245 | Respostas
246 | Sobre o autor

APRESENTAÇÃO

O hinduísmo, diferentemente do que a maioria dos brasileiros parece pensar, não é uma religião triste e sofredora, de pessoas com uma cultura pobre e acomodada. Antes, é uma religião viva e forte, de pessoas com uma cultura riquíssima e fluida, que não somente permaneceu ao longo de milênios, como também se adaptou e se transformou a partir de iniciativas muito mais internas do que externas. Sua história se tornou um relato de um processo de aprendizado a respeito não somente da divindade, mas também de quem é o ser humano.

Ao invés de ser uma religião triste, trata-se de "uma religião alegre de verdade", como lembra o teólogo Hans Küng (2004, p. 55). Não é marcada tanto pelo sofrimento e pela seriedade quanto pela felicidade e pela descontração, como se pode perceber nas inúmeras festas que celebram a renovação da vida, nas quais as pessoas trocam presentes e desejam felicidade umas às outras. É da Índia também que vem a festa *Holi*, conhecida como "Festa das Cores", que celebra a chegada da primavera, marcada pela alegria, pela paz e pela renovação; nela as pessoas se divertem jogando água tingida de pós coloridos umas nas outras, de modo que todos ficam pintados.

Assim, nem sempre o divino é buscado pelos hindus por meio de uma procura silenciosa, meditativa e interior. Para além da festa *Holi*, o hinduísmo também se caracteriza por festas locais que, nas diversas aldeias da Índia, celebram os deuses com danças e muito barulho, em festividades marcadas pelo som, pelo movimento e pela alegria.

Contudo, como lembra Küng (2004, p. 55), da mesma forma que não se pode julgar o cristianismo pelo jejum, pois esta é apenas uma de suas características, também não se deve reduzir o hinduísmo a essas festividades descontraídas, uma vez que se trata de uma religião que vai muito além de simples festas de aldeias. Afinal, em seus milênios de história, o hinduísmo, que é reconhecidamente a mais antiga das religiões atuais, desenvolveu-se em caminhos diversos, não somente construindo crenças bastante peculiares, mas também estruturando uma sociedade própria. Trata-se de uma longa história marcada por diversos textos sagrados, que são, ao mesmo tempo, complementares, diferentes e, em certa medida, divergentes.

Aquele que deseja conhecer o hinduísmo, portanto, deve tomá-lo nessa pluralidade, nessa diversidade, que tanto o marca quanto se constitui, em grande medida, em aspecto fundamental de sua identidade. Assim, o estudo dessa religião deve passar por sua definição como religião que se diversifica não somente em seus milênios de história, mas também na percepção de seus milhões de adeptos. É necessário, em primeiro lugar, propor uma definição para o que é, de fato, o hinduísmo, assim como é essencial pensar quem realmente pode ser considerado um hindu, levando-se em conta não apenas o que essa religião propõe, mas também como é vivida por aqueles que a representam no mundo.

Pelos motivos apresentados, no **Capítulo 1**, serão apresentados alguns conceitos importantes, tais como o de hinduísmo e o de hindu, a fim de esclarecer elementos essenciais dessa religiosidade.

Para além de tais definições, no entanto, para aquele que deseja conhecer o hinduísmo, também é necessário um estudo aprofundado do desenvolvimento histórico dessa religião. Afinal, dos tempos védicos, milhares de anos atrás – quando surgiram os primeiros textos sagrados –, até os dias de hoje, houve muitas mudanças na sociedade indiana e em sua religião, que se reconfigurou e se repensou. Isso fez com que houvesse a desvalorização de certos deuses em detrimento de outros, o que, inclusive, trouxe novos conceitos e crenças como verdade, contrastando com percepções anteriores dos deuses e da própria religião. Por tal razão, no **Capítulo 2**, será abordada a história da religião hindu, relatada com base em um profundo desenvolvimento de ideias e práticas ao longo da história.

O **Capítulo 3**, por sua vez, apresentará os principais textos sagrados do hinduísmo, destacando seus aspectos principais, bem como as diferenças e as semelhanças entre eles, que mantêm e, ao mesmo tempo, transformam inúmeras crenças. Mostraremos que, em grande medida, as mudanças internas na religião dos hindus foram resultantes de novas concepções religiosas. Elas passaram a ser incorporadas pelo hinduísmo mediante novos textos que, apesar de não resultarem na exclusão dos textos anteriores, foram marcados por ideias bastante diferentes e, até mesmo, divergentes, indicando um desenvolvimento e uma verdadeira "evolução" da teologia própria do hinduísmo.

Pela análise dos textos, é possível perceber novas crenças que, hoje, dão forma e conteúdo às linhas principais do hinduísmo, tais como as ideias a respeito dos deuses, do ser humano, do Universo, da morte e, principalmente, dos próprios objetivos e modos de viver a religião dos hindus. Todas elas foram reconfiguradas não somente para novos tempos, mas também para novas pessoas, que passam a viver uma religiosidade diferente daquela de seus antepassados. O modo de viver a religião, portanto, acaba mudando ao longo do tempo. E são tais possibilidades de vivência que serão tema do **Capítulo 4**, que apresentará os diferentes caminhos que podem ser trilhados dentro do hinduísmo, tendo em vista a realização espiritual do devoto.

Entretanto, mesmo com as evidentes mudanças ao longo da história, há permanências que marcam a tradição e fundamentam a própria sociedade indiana. E é disso que tratará o **Capítulo 5**. Veremos que, apesar de o hinduísmo estar presente em diversos países do mundo, na Índia, seu local de origem e, ainda hoje, seu centro, ele é marcado por uma configuração específica da sociedade, formada e estruturada com base em concepções próprias da religião hindu. Ou seja, para além do que os ocidentais compreendem como religião, o hinduísmo também rege a sociedade e a vida familiar.

Assim, mesmo que parte da sociedade indiana tenha mudado e ainda esteja em constante mudança, muito do que se apresenta surge baseado em elementos próprios de uma tradição religiosa, afirmando, na própria configuração social, sua identidade, em contraste com a cultura ocidental, recentemente rejeitada. Dessa forma, se considerarmos a história recente da Índia, perceberemos que o apego à tradição, principalmente no que diz respeito à sociedade, não deixa de ser uma autoafirmação da identidade indiana, amparada em um hinduísmo que vai para além do aspecto religioso. O hindu, portanto, vive o hinduísmo não somente em suas práticas religiosas, mas também nos princípios de vida: entendendo que o hinduísmo rege sua vida indicando as fases pelas quais se passa e os princípios que o direcionam por filosofias e lhe apresentam formas de expiação de pecados a fim de se purificar. É isso que abordaremos no **Capítulo 6**.

Como é possível perceber, o estudo do hinduísmo, mesmo que se realize em termos introdutórios, exige considerável atenção em virtude de sua complexidade. É importante salientar que, nesta obra, trataremos de uma realidade religiosa distante de nosso contexto e que, caso fosse vista panoramicamente e de forma demasiado breve, certamente resultaria em dúvidas e incompreensões. Isso, por sua vez, poderia fundamentar preconceitos e percepções equivocadas, que tentamos evitar e combater. O que pretendemos, pois, é realizar um estudo consideravelmente aprofundado do hinduísmo por respeito não somente a essa religião, que é a tradição religiosa mais antiga, mas também à própria humanidade, que tem no hinduísmo uma grande parte de sua busca pelo divino e pela compreensão de si mesma.

Para auxiliar no esclarecimento do assunto, durante toda a obra, serão disponibilizados alguns recursos didáticos e exercícios acerca dos temas em questão. Esperamos que a leitura seja proveitosa para a expansão do conhecimento sobre o hinduísmo e sua importância para o entendimento do humano.

Bons estudos!

COMO APROVEITAR AO MÁXIMO ESTE LIVRO

Empregamos nesta obra recursos que visam enriquecer seu aprendizado, facilitar a compreensão dos conteúdos e tornar a leitura mais dinâmica. Conheça a seguir cada uma dessas ferramentas e saiba como estão distribuídas no decorrer deste livro para bem aproveitá-las.

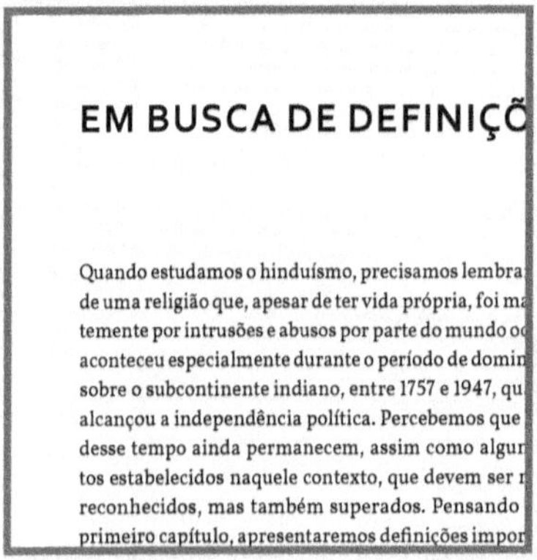

EM BUSCA DE DEFINIÇÕ

Quando estudamos o hinduísmo, precisamos lembra
de uma religião que, apesar de ter vida própria, foi m
temente por intrusões e abusos por parte do mundo o
aconteceu especialmente durante o período de domi
sobre o subcontinente indiano, entre 1757 e 1947, qu
alcançou a independência política. Percebemos que
desse tempo ainda permanecem, assim como algu
tos estabelecidos naquele contexto, que devem ser
reconhecidos, mas também superados. Pensando
primeiro capítulo, apresentaremos definições impo

Introdução do capítulo

Logo na abertura do capítulo, informamos os temas de estudo e os objetivos de aprendizagem que serão nele abrangidos, fazendo considerações preliminares sobre as temáticas em foco.

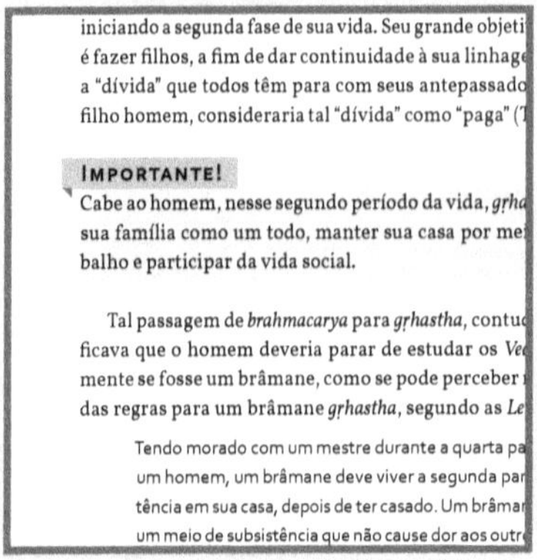

iniciando a segunda fase de sua vida. Seu grande objeti
é fazer filhos, a fim de dar continuidade à sua linhag
a "dívida" que todos têm para com seus antepassad
filho homem, consideraria tal "dívida" como "paga" (

IMPORTANTE!

Cabe ao homem, nesse segundo período da vida, *gṛh*
sua família como um todo, manter sua casa por me
balho e participar da vida social.

Tal passagem de *brahmacarya* para *gṛhastha*, contu
ficava que o homem deveria parar de estudar os *Ve*
mente se fosse um brâmane, como se pode perceber
das regras para um brâmane *gṛhastha*, segundo as *Le*

Tendo morado com um mestre durante a quarta p
um homem, um brâmane deve viver a segunda pa
tência em sua casa, depois de ter casado. Um brâma
um meio de subsistência que não cause dor aos outr

Importante!

Algumas das informações centrais para a compreensão da obra aparecem nesta seção. Aproveite para refletir sobre os conteúdos apresentados.

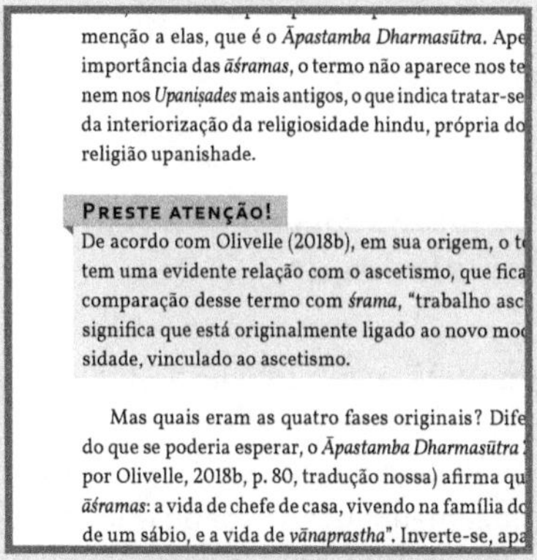

menção a elas, que é o *Āpastamba Dharmasūtra*. Ape[...]
importância das *āśramas*, o termo não aparece nos te[...]
nem nos *Upaniṣades* mais antigos, o que indica tratar-se[...]
da interiorização da religiosidade hindu, própria do[...]
religião upanishade.

PRESTE ATENÇÃO!
De acordo com Olivelle (2018b), em sua origem, o t[...]
tem uma evidente relação com o ascetismo, que fica[...]
comparação desse termo com *śrama*, "trabalho asc[...]
significa que está originalmente ligado ao novo mod[...]
sidade, vinculado ao ascetismo.

Mas quais eram as quatro fases originais? Dife[...]
do que se poderia esperar, o *Āpastamba Dharmasūtra* [...]
por Olivelle, 2018b, p. 80, tradução nossa) afirma qu[...]
āśramas: a vida de chefe de casa, vivendo na família do[...]
de um sábio, e a vida de *vānaprastha*". Inverte-se, apa[...]

Preste atenção!
Apresentamos informações complementares a respeito do assunto que está sendo tratado.

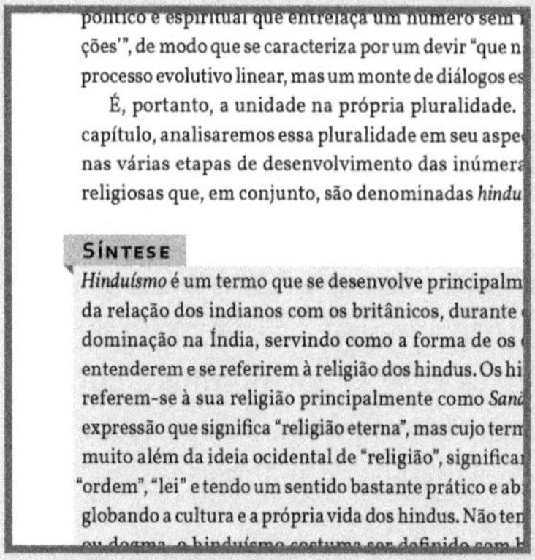

político e espiritual que entrelaça um número sem [...]
ções'", de modo que se caracteriza por um devir "que n[...]
processo evolutivo linear, mas um monte de diálogos es[...]
É, portanto, a unidade na própria pluralidade. [...]
capítulo, analisaremos essa pluralidade em seu aspe[...]
nas várias etapas de desenvolvimento das inúmera[...]
religiosas que, em conjunto, são denominadas *hindu*[...]

SÍNTESE
Hinduísmo é um termo que se desenvolve principalm[...]
da relação dos indianos com os britânicos, durante [...]
dominação na Índia, servindo como a forma de os [...]
entenderem e se referirem à religião dos hindus. Os hi[...]
referem-se à sua religião principalmente como *Saná*[...]
expressão que significa "religião eterna", mas cujo term[...]
muito além da ideia ocidental de "religião", significa[...]
"ordem", "lei" e tendo um sentido bastante prático e ab[...]
globando a cultura e a própria vida dos hindus. Não ter[...]

Síntese
Ao final de cada capítulo, relacionamos as principais informações nele abordadas a fim de que você avalie as conclusões a que chegou, confirmando-as ou redefinindo-as.

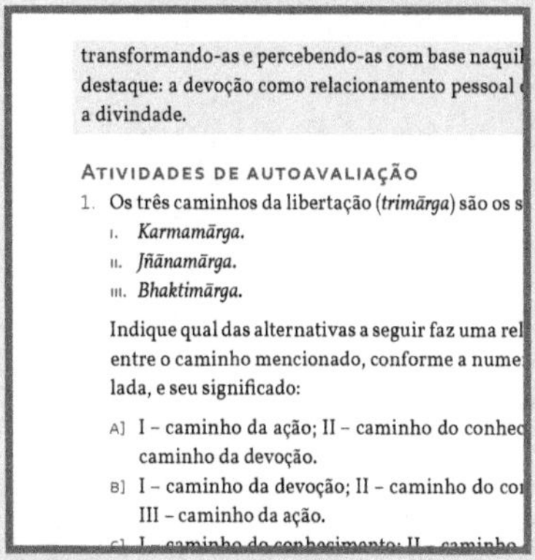

transformando-as e percebendo-as com base naquil[...]
destaque: a devoção como relacionamento pessoal [...]
a divindade.

ATIVIDADES DE AUTOAVALIAÇÃO
1. Os três caminhos da libertação (*trimārga*) são os s[...]
   I. *Karmamārga*.
   II. *Jñānamārga*.
   III. *Bhaktimārga*.

Indique qual das alternativas a seguir faz uma rel[...]
entre o caminho mencionado, conforme a nume[...]
lada, e seu significado:

A] I – caminho da ação; II – caminho do conhec[...]
   caminho da devoção.
B] I – caminho da devoção; II – caminho do co[...]
   III – caminho da ação.

Atividades de autoavaliação
Apresentamos estas questões objetivas para que você verifique o grau de assimilação dos conceitos examinados, motivando-se a progredir em seus estudos.

ATIVIDADES DE APRENDIZAGEM

Questões para reflexão

1. Liste cada um dos três caminhos da libertação
explique de que forma eles aparecem em cada u
etapas da história do hinduísmo, a fim de eviden
volvimento histórico dessa religião com base ness
2. A religião hindu apresenta três caminhos poss
libertação espiritual, que envolvem a ação, o co
e a devoção. Conforme apresentado neste capítu
cada etapa da história do hinduísmo dar ênfase
caminhos, cabe a cada crente escolher qual ca
em sua vida. Refletindo sobre sua própria vida,
você diria que tem sido sua escolha (seja ele relig
Considerando-se a importância dos três caminhos,
você poderia incorporar os outros dois caminhos
3. Tal como apresentado neste capítulo, o hinduísm
há quatro objetivos na vida humana, a saber: *dhar*

Atividades de aprendizagem

Aqui apresentamos questões que aproximam conhecimentos teóricos e práticos a fim de que você analise criticamente determinado assunto.

BIBLIOGRAFIA COMENTAD

BIANCHINI, F. **A grande deusa na Índia**: uma br
Curitiba: Prismas, 2016.

Flávia Bianchini é uma pesquisadora brasileira que
cado ao estudo do hinduísmo e, especialmente, do
escrituras indianas. Seu livro é fruto do mestrado
da Religião pela Universidade Federal da Paraíba
a autora apresenta a história de desenvolvimento
da grande deusa pelo shaktismo, uma das princip
hinduísmo. Trata-se de leitura importante para todo
querem ter uma visão mais profunda sobre essa lin

FLOOD, G. **Uma introdução ao hinduísmo**. Juiz de
UFJF, 2014.

Bibliografia comentada

Nesta seção, comentamos algumas obras de referência para o estudo dos temas examinados ao longo do livro.

INTRODUÇÃO

Muito antes de Maomé realizar a hégira, antes também de Jesus nascer, viver e morrer e até mesmo antes de Abraão começar sua viagem direcionada por aquele que viria a ser o Deus dos judeus, surgia, no subcontinente indiano, uma busca da divindade que, permanecendo até hoje, é marcada por milênios de história, constituindo-se na religião mais antiga da atualidade.

Estudar o hinduísmo, portanto, significa estudar não apenas uma religião da humanidade, mas também a própria humanidade em sua eterna busca pelo infinito e pelo divino. Afinal, tendo milhares de anos e milhões de adeptos, o hinduísmo contém boa parte das percepções, ideias e concepções que os seres humanos formaram sobre o divino e sobre eles mesmos.

Nesse sentido, ao mesmo tempo que o estudo do hinduísmo exige um processo de alteridade, no respeito e na busca do "outro", é também uma possibilidade de reflexão interna, a respeito de como nós, seres humanos, pensamos e temos pensado o Universo, Deus e até a nós mesmos.

Uma ótima leitura!

EM BUSCA DE DEFINIÇÕES

Quando estudamos o hinduísmo, precisamos lembrar que se trata de uma religião que, apesar de ter vida própria, foi marcada recentemente por intrusões e abusos por parte do mundo ocidental. Isso aconteceu especialmente durante o período de dominação inglesa sobre o subcontinente indiano, entre 1757 e 1947, quando a Índia alcançou a independência política. Percebemos que as cicatrizes desse tempo ainda permanecem, assim como alguns preconceitos estabelecidos naquele contexto, que devem ser não somente reconhecidos, mas também superados. Pensando nisso, neste primeiro capítulo, apresentaremos definições importantes, a fim de esclarecer melhor os elementos essenciais dessa religiosidade.

1.1 O que é o hinduísmo?

O termo *hinduísmo* (no inglês, *hinduism*) é, em grande medida, fruto da colonização inglesa, que criou as circunstâncias dentro das quais a palavra foi cunhada e fundamentada. Era entendido como "uma religião mundial, comparável a outras 'grandes' tradições como o cristianismo, o budismo e o Islã, emergindo não somente como uma ideia, um retrato composto de várias e às vezes contraditórias tradições, mas também como uma realidade incipiente", como lembra Pennington (2005, p. 5, tradução nossa). Nesse sentido, seria possível dizer que o termo *hinduísmo* foi inventado "pelos europeus para a religião indiana" (Küng, 2004, p. 57), uma vez que acaba carregando consigo a ideia de uma religião unificada, estruturada e homogênea, tal como as demais grandes religiões. Isso, contudo, não condiz com a realidade religiosa dos hindus. É necessário, portanto, reconhecer a limitação do termo, que teve origem em uma visão externa e restrita.

Contudo, afirmar que o termo foi criado pela colonização não deve implicar a ideia de que o próprio hinduísmo é uma invenção britânica, como observa Pennington (2005). Afirmar que o hinduísmo foi "inventado" pelos europeus no século XIX não somente conferiria poder demais ao colonialismo, como também, em contrapartida, acabaria por apagar a atuação e criatividade dos próprios hindus (Pennington, 2005).

Na verdade, no próprio uso do termo *hinduísmo* é possível perceber tal atuação e criatividade, pois os hindus o utilizaram como mecanismo de oposição à colonização, promovendo a independência política pela afirmação de identidade e unidade religiosa que não necessariamente existia. Assim, como indicado por Matthew (1999, p. 171, tradução nossa), "uma ligação consciente entre a religião e a tradição hindu, por um lado, e a entidade geográfica chamada Índia, por outro, aconteceu durante o governo colonial britânico no subcontinente", entidade esta que se utilizou do conceito de hinduísmo para afirmar sua causa. Tal processo resultou no fato de que, de acordo com Matthew (1999, p. 171, tradução nossa), "os interesses da nação chamada Índia foram identificados com os interesses do hinduísmo e vice-versa", além de isso ter influenciado "fortemente o ressurgimento e o crescimento do nacionalismo indiano, bem como do hinduísmo".

Por tais razões, o hinduísmo, ainda hoje, está profundamente ligado ao nacionalismo indiano, o que pode explicar – mesmo que em parte – o fato de que normalmente é apresentado como uma religião sem caráter missionário. Afinal, "embora o hinduísmo seja difundido em diversas partes do mundo", como lembra Martins (2006, p. 28), ele parece se apresentar, nas palavras de Piazza (2005, p. 246), "como um movimento religioso tipicamente hindu, que só se explica dentro da realidade geográfica, histórica e mística da Índia". Ou seja, é percebido como uma religião que não é universalista, tal como as demais "grandes religiões" da humanidade (Piazza, 2005).

No entanto, ao mesmo tempo, há aqueles que afirmam ser possível pensar e "ler" o hinduísmo como uma "religião missionária" (Sharma, 2011), questionando a visão tradicional e indicando as incompreensões sobre ele. Mas, se todas essas dificuldades vistas até aqui são resultantes de concepções e percepções a respeito de um termo, chega um momento em que temos de nos questionar: O que é, exatamente, o hinduísmo?

IMPORTANTE!

Apesar de o termo *hinduísmo* ter sido estabelecido no contexto de uma relação indevida de comparação com as grandes religiões da humanidade, pode servir para definir a realidade religiosa dos hindus, desde que sejam explicitadas suas particularidades.

Mesmo que "de todas as religiões do mundo", como indicou Ponraj (2012, p. 22), o hinduísmo seja "a mais difícil de definir", tal tarefa não é impossível. Afinal, essa dificuldade não se dá tanto por problemas internos ao hinduísmo, mas principalmente por uma limitação de perspectiva daqueles que o observam de fora. Não é, portanto, uma religião incompreensível, mas "a de mais difícil apreensão pela mentalidade ocidental" (Martins, 2006, p. 24), que não compreende as particularidades dessa religião oriental.

Mas quais são essas particularidades do hinduísmo? Provavelmente a maior delas é a própria ideia de religião. Como bem indicou aquele que foi o primeiro entre todos os primeiros-ministros da Índia independente, Jawaharlal Nehru, o termo *hinduísmo* não estará sendo utilizado da forma correta a não ser que seja empregado no "sentido mais abrangente da cultura indiana", deixando de estar preso a um "conceito muito mais raso e especificamente religioso" (Nehru, 1994, p. 74, tradução nossa). Devemos pensar, pois, para além da ideia simplista e superficial dos ocidentais a respeito do que é uma religião. Mas que sentido mais abrangente é esse, próprio do Oriente?

A resposta está na denominação própria dos hindus para se referirem à sua religião: não se referem à sua religiosidade como hinduísmo, mas como *Sanātana dharma*, expressão muitas vezes traduzida como "religião eterna" ou "lei eterna". Acontece, porém, que o termo *dharma*, como explica Klostermaier (2009, p. 5), "é muito mais abrangente que o termo ocidental 'religião'". Além de implicar um "modo de viver", *dharma* também expressa "a ordem natural das coisas" (Klostermaier, 2009, p. 5). Trata-se de um conceito muito diferente da ideia ocidental de religião, conforme Solís (1992, p. 75, tradução nossa), "já que *dharma* implica ao mesmo tempo uma lei, um modo de vida e uma ordem cósmica". É por isso que, segundo Solís (1992, p. 75, tradução nossa), o hinduísmo "não é uma religião no sentido ordinário da palavra", mas, antes, "um sistema social, uma concepção do mundo, uma filosofia e um conglomerado de crenças de diversos tipos".

A ideia de um "conglomerado de crenças" expressa bem a tentativa ocidental de entender como pode existir uma religiosidade "que compreende grande variedade de elementos heterogêneos" (Martins, 2006, p. 24) e, mesmo assim, haver uma considerável unidade. Afinal, se o cristianismo, por exemplo, é marcado por uma unidade de práticas e de crenças, o hinduísmo é marcado pela pluralidade, de modo que, segundo algumas definições do hinduísmo, seu adepto pode ser "politeísta, monoteísta ou ateu, pode ou não cumprir com ritos religiosos, assistir ou não aos templos, adorar ou ignorar os deuses" (Solís, 1992, p. 75, tradução nossa).

Por tal razão, muitos têm buscado definir o hinduísmo não como uma religião, mas como "uma grande variedade de diferentes religiões" (Klostermaier, 2009, p. 5) ou "uma família de religiões" (Noss, 1969, p. 88, tradução nossa), considerando-se que, se tomarmos a concepção ocidental de religião, deveremos admitir que "as religiões da Índia são muitas" (Stella, 1971, p. 3). Afinal, não há uma unidade, mas uma variedade de práticas e crenças dentro da religiosidade indiana.

Preste atenção!

Conforme Martins (2006, p. 23), a forma mais correta de descrever o hinduísmo, na concepção ocidental de religião, é "como um conjunto de religiões com uma linguagem em comum, pois tem pouca ou nenhuma organização central, ou base teológica compartilhada".

Em grande medida, a característica de pluralidade é resultado de uma fluidez histórica do hinduísmo, contrastante com a – mesmo que pretensa – fixidez das outras religiões, tais como o cristianismo e o islamismo. Talvez, mesmo que em parte, tal fluidez seja resultante do fato de que, diferente dessas outras religiões, o hinduísmo não apresenta fundador, nem uma doutrina, nem mesmo uma "igreja". Entendemos que não exista, nesse caso, uma estrutura de relação e hierarquia entre os lugares de devoção e seus representantes. Os templos são independentes uns dos outros e, em grande medida, é na própria família que a religiosidade hindu tem seu centro, de modo que, em vez de uma estrutura hierárquica absoluta e homogeneizante, há uma pluralidade de comunidades familiares, cada qual com suas práticas, suas especificidades de culto e, até mesmo, suas tradições herdadas de geração em geração.

Não ter um fundador, tal como o cristianismo, o islamismo, ou até mesmo o budismo – que, aliás, surge como uma seita dissidente do hinduísmo –, pode ser mais importante do que parece. Afinal, como lembra Andrade (2010, p. 41), "não tendo um único fundador, o hinduísmo parece ter a vantagem de não estar preso a uma figura referencial, o que possibilita a abertura de espaço para diversas interpretações" que, por não terem um fundador e um dogma absoluto, acabam sendo "tidas como válidas".

Isso quer dizer que, em vez de todas as novas ideias serem rejeitadas como heresias, inúmeras passam a ser incorporadas dentro do hinduísmo como novas perspectivas ou novas linhas dessa religião plural. Do mesmo modo, inúmeros "homens santos" se tornam, de certa forma, os representantes da religião para seus discípulos e as comunidades nas quais estão inseridos, em certa medida "encarnando" a autoridade religiosa normalmente fluida e indefinida.

Não havendo as restrições decorrentes de uma fundação e sua consequente fixidez, o hinduísmo carrega consigo o estigma de "religião eterna" ao mesmo tempo que pode renovar-se ao longo do tempo, com a incorporação das novas ideias e interpretações que vão sendo apresentadas. Assim, como indicou Renou (1964, p. 13), no hinduísmo "as contribuições dos séculos se sobrepuseram, sem jamais desgastar as camadas anteriores de desenvolvimento". Não há, na percepção dos hindus sobre sua história, a ideia de quebras ou contraposições de ideias tanto quanto de uma longa e duradoura evolução da mesma realidade religiosa.

Na longa história do hinduísmo, as novas interpretações a respeito dos deuses ou mesmo da realidade, mesmo que tenham sido contrastantes com as anteriores, muitas vezes foram incorporadas como um novo elemento do mesmo universo de práticas religiosas que hoje é denominado pelo termo *hinduísmo*. Dos textos védicos, que são as referências mais antigas do hinduísmo, até às interpretações atuais, o hinduísmo incorporou dentro de si inúmeros novos textos sagrados, novas perspectivas e até mesmo novas propostas religiosas.

Essas incorporações, contudo, não devem ser vistas somente como um distanciamento, mas também como uma renovação. Do mesmo modo que "já se afirmou que o hinduísmo voltou suas costas às crenças védicas", também é "razoável afirmar ser ele uma continuação dos *Vedas*", uma vez que estes "ofereceram em estado embrionário a maioria das características desenvolvidas com o tempo" (Renou, 1964, p. 15). Afastando-se e reaproximando-se dos antigos *Vedas*, por meio de um renovo da leitura e interpretação, fica claro que o hinduísmo é, hoje, "o produto de uma grande evolução que começou há mais de três mil anos" (Solís, 1992, p. 76, tradução nossa).

Entretanto, ter uma história de evolução de alguns milênios não é o diferencial do hinduísmo. Como bem observam Hellern, Notaker e Gaarder (2001, p. 40), o hinduísmo não se diferencia das outras religiões, como o cristianismo e o judaísmo, por exemplo, por ter uma história milenar ou por apresentar, ao longo dos milênios, uma evolução. Afinal, todas essas religiões se desenvolveram e mudaram profundamente ao longo do tempo. A diferença está no fato de que, no caso do hinduísmo, "todos os seus estágios históricos são visíveis simultaneamente" (Hellern; Notaker; Gaarder, 2001, p. 40), ou seja, sua evolução não resultou em uma substituição de interpretações, formas e práticas, mas em uma sobreposição delas.

IMPORTANTE!

Em vez de uma religião, portanto, o hinduísmo pode ser visto como um "universo religioso", no qual diversas perspectivas religiosas – que poderíamos, até mesmo, denominar *religiões* – convivem e apresentam certa unidade.

Segundo Küng (2004, p. 57), o termo *hinduísmo* "não designa uma religião indiana única, mas toda uma variedade, um grande número de religiões". Assim, o hinduísmo pode ser comparado, por meio de uma analogia, a uma floresta tropical, "onde várias camadas de animais e de plantas se desenvolvem num grande meio ambiente" (Hellern; Notaker; Gaarder, 2001, p. 40). Mas, se o hinduísmo se apresenta com tal aspecto de pluralidade, quem pode, de fato, ser considerado um hindu? É dessa questão que trataremos a seguir.

1.2 Quem pode ser considerado um hindu?

O termo *hindu*, como afirma Jawaharlal Nehru, provém do termo sânscrito *sindhu*, que é "o antigo e atual nome indiano para o [Rio] Indo", de modo que desse termo provém "as palavras *hindu* e *hindustan*, assim como Indo e Índia" (Nehru, 1994, p. 74, tradução nossa). Antes de se relacionar a uma religião, portanto, dizia respeito a uma localidade geográfica: a região do Rio Indo. Afinal, segundo Nehru, o termo era utilizado pelas populações do oeste e do centro da Ásia para se referir à Índia, assim como ao povo que vivia "do outro lado do Rio Indo" (Nehru, 1994, p. 74), sendo adaptado para *Hendu*, entre os persas e os iranianos, e para *Indus*, entre os gregos (Frias, 2003). O termo *hindu* era, pois, em sua origem, um "conceito geográfico", na expressão de Correa (2012, p. 47, tradução nossa), ganhando sentido religioso somente com o passar do tempo.

Em algumas definições mais recentes, procura-se manter o aspecto geográfico do termo. É o caso da explicação de Vinayak Damodar Savarkar, citado por Klaus Klostermaier (2009, p. 5), que "definiu a pessoa hindu como alguém cuja Terra Santa é a Índia". Apesar da permanência do sentido geográfico, porém, há uma mudança importante: se antes a definição dependia de uma localização geográfica, agora, com a dinâmica e fluidez das populações, a ênfase recai sobre a valorização geográfica: eram considerados hindus pelo ativista indiano Vir Savarkar somente aqueles que tomassem a Índia como sagrada, abraçando um verdadeiro nacionalismo religioso.

Hoje, décadas depois do falecimento de Vir Savarkar, a Índia, em seu caráter geográfico, permanece sagrada para inúmeras pessoas, a ponto de Klostermaier (2009, p. 5) afirmar que "os hindus consideram os rios, as montanhas e os mares da Índia como sagrados e, por toda a Índia, há um grande número de cidades santas que são a meta de milhões de peregrinos". Afinal, como aponta Andrade (2010, p. 46), "os picos de montanhas são considerados moradia dos deuses, os rios considerados sagrados, pois descem diretamente das montanhas (das divindades) e oferecem a água", assim como "a planície é vista como bênção divina".

Para além dessas relações, o aspecto geográfico da religião hindu é apresentado também na própria construção histórica da religião, de modo que, como bem destaca Andrade (2010, p. 46), "os aspectos geográficos do território indiano tiveram ampla influência na construção da religião e nos conteúdos de seu desenvolvimento". Não é à toa, portanto, a estreita relação entre o hinduísmo e o nacionalismo indiano na supervalorização da Índia, muitas vezes utilizada até mesmo de forma agressiva por extremistas políticos.

Preste atenção!

Na relação entre geografia e religião, não se pode deixar de falar da adoração da própria *Bharat Matā*, a "Mãe Índia", cuja imagem em seu templo (Bharat Matā Mandir), na cidade de Varanasi, é nada mais do que um mapa em alto relevo do país (Hellern; Notaker; Gaarder, 2001). Observe-o na Figura 1.1. É o resultado de uma transformação em sua representação que lhe dá um caráter mais pragmático e mundano do que as representações clássicas de uma mulher com caráter virginal e ascético (Grünewald; Loundo; Winter, 2015, p. 77).

FIGURA 1.1 – Mapa da Índia no templo da Mãe Índia em Varanasi

dbtravel/Alamy/Fotoarena

Apesar de o aspecto geográfico do hinduísmo e dos hindus ser evidente e essencial na definição deste último termo (*hindu*), não devemos nos limitar a essa relação, até porque há muitos casos de pessoas que se consideram como hindus, mas que, para extremistas religiosos, não valorizam suficientemente a geografia indiana da forma correta.

Um exemplo disso pode ser visto no relato de Pinto (2007), cônsul-geral do Brasil em Mumbai, a respeito de um projeto chamado *Sethusamudram Ship Channel*. Tal projeto intenciona a construção de um canal de navegação entre as costas leste e oeste da Índia, sem o contorno pela ilha do Sri Lanka, reduzindo-se a viagem em cerca de 780 km, tendo um claro sentido de praticidade que resultaria em uma imensa facilitação no transporte e comércio da Índia. Acontece, porém, que muitos hindus tradicionalistas têm tomado tal projeto, numa leitura religiosa, como um atentado contra a estrutura geográfica sagrada que liga o sul da Índia ao Sri Lanka, a qual é vista como o caminho percorrido pelo deus Rāma na famosa história conhecida como *Rāmāyaṇa* (Pinto, 2007).

Com esse exemplo, fica claro como a sacralidade da geografia da Índia é marca da religiosidade indiana, ao mesmo tempo que nem todos os indianos a tomam da mesma forma. Afinal, o fato de alguém ter uma visão mais modernista e mesmo pretensões de transformação da geografia indiana, isto é, propor ou mesmo concordar com o projeto do canal, não significa que esse alguém não possa ser considerado não somente um indiano, mas também um hindu.

IMPORTANTE!

A definição de *hindu* envolve mais do que o elemento geográfico, como aspectos de caráter religioso e social, que devem ser levados em conta em qualquer estudo sério a respeito do hinduísmo.

No caso da relação do termo *hindu* com a religião, há outro exemplo importante: o Censo da Índia de 1910. A fim de marcar a distinção entre hindu e indiano conforme o aspecto religioso, a Comissão do Censo de 1910, conforme aponta Ponraj (2012, p. 23), definiu *hindu* de acordo com os seguintes requisitos:

1] aceita a supremacia dos *Brâmanes* (*Brâmanes* são a casta sacerdotal do Hinduísmo Ortodoxo);

2] recebe o mantra (rito ortodoxo hindu) de um *Brâmane* ou algum outro guru hindu reconhecido;

3] aceita a autoridade dos Vedas (antigas escrituras do Hinduísmo Ortodoxo);

4] venera os deuses hindus (os deuses arianos como Brahma, Vishnu e outros);

5] é servido por um *Brâmane* superior (*Brâmane* puro ou original ou um *Brâmane* não convertido) como sacerdote familiar;

6] não causa contaminação pelo toque (o hindu ortodoxo é considerado membro de uma casta superior e nascido duas vezes, seu toque em outro hindu de casta superior não causa contaminação);

7] crema os seus mortos (os hindus não ortodoxos enterram os seus mortos);

8] não come carne vermelha (consideram a vaca como uma deusa e, portanto, eles a veneram).

Desse modo, na perspectiva proposta pelo Censo de 1910, mesmo que alguém nascesse na Índia, ou até mesmo que fosse filho de indianos, caso não compartilhasse da religião tradicional, não deveria ser considerado hindu. Ou seja, o termo *hindu*, nesse caso, apresenta-se muito mais como um conceito religioso do que como um conceito geográfico, tal como era o sentido originário do termo.

Tal aspecto religioso, aliás, apresentava-se de forma bastante limitada, restringindo o termo àqueles que praticassem a religião em seu formato ortodoxo e tradicional, deixando muitos de fora da designação. Afinal, como indicado anteriormente, o hinduísmo é marcado por uma pluralidade gigantesca, com muitas e diferentes práticas e perspectivas religiosas. Não são poucas as pessoas que, apesar de se considerarem hindus, seriam desconsideradas pelo censo por terem certas práticas, bastante específicas, que as distanciam de outros hindus, tais como o ato de enterrar os mortos ou mesmo comer carne.

No caso da cremação, indicada como categoria definidora de quem é hindu, segundo o Censo de 1910, trata-se de um elemento forte na tradição, mas que demanda recursos que nem todos tinham. Hoje, com a possibilidade de crematórios elétricos, a cremação pode não ser algo tão caro, facilitando e popularizando a prática. Entretanto, no contexto de 1910, toda e qualquer cremação era feita tal como ainda é realizada hoje pelos tradicionalistas hindus – com quilos e mais quilos de madeira, produto que não é barato na Índia. Preço alto a se pagar, mas que, na perspectiva hindu, compensa – afinal, mediante a cremação, sendo realizada especialmente na cidade de Varanasi, nas escadarias (*ghat*) às margens do Rio Ganges, possibilita-se ao morto ser liberto do *saṃsāra*, o ciclo dos nascimentos, e alcançar o *moksha*, a libertação da alma do ciclo repetitivo de nascimento e morte.

PRESTE ATENÇÃO!

É no processo de cremação que a alma se liberta do corpo, saindo do crânio do esqueleto quando este estrala e racha, isto é, pelo mesmo local da cabeça que havia entrado no corpo ao nascer (Küng, 2004), seja para se libertar, alcançando o *moksha*, seja para renascer, permanecendo no *saṃsāra*. Como se diz no *Śatapatha Brāhmaṇa* (2.2.4), "quando alguém morre e é colocado sobre o fogo, ele renasce do fogo, porque o fogo queima somente o seu corpo" (Stella, 1971, p. 29). De acordo com a forma como os hindus adoram o Rio Ganges, considerado encarnação da deusa (*devi*) Gaṅgā, acredita-se que, durante o processo de cremação, o próprio Shiva sussurra um mantra redentor aos mortos (Küng, 2004), cujas cinzas são imersas nas águas do rio pelos parentes da pessoa morta.

Apesar das inúmeras cremações diárias em Varanasi e do fato de os mais ricos usarem até mesmo madeira de sândalo, gastando altas quantias no processo, nem todos os hindus procedem dessa forma. Muitas vezes se apela até mesmo a crematórios elétricos, nos quais o serviço de cremação não é apenas modernizado e barateado, mas também terceirizado. Não é à toa, portanto, que muitos hindus tradicionalistas se colocam contra tal modernização, lembrando-se da responsabilidade, como hindus, de eles mesmos cremarem seus mortos, seguindo ainda o modo tradicional – com fogueiras de madeira feitas às margens do Ganges, nos *ghat* (escadarias à beira de rios) de Varanasi (Figura 1.2). Seja como for, porém, a restrição do conceito de hindu como aquele que crema seus mortos limitava e ainda limita quem pode entrar na categoria.

FIGURA 1.2 – Cremações no *ghat* Manikarnika, em Varanasi

Small World Productions/Shutterstock

Ao rejeitar todo aquele que "causa contaminação pelo toque", o Censo 1910 estava deixando de fora da designação *hindu* toda a população *dalit*, ou seja, a população mais pobre da Índia, considerada inferior à casta mais baixa (sudra). Isso fazia com que os *dalits* fossem denominados como os "intocáveis", por se considerar que seu toque causaria impureza e contaminação nos hindus das castas superiores. Seria possível se afirmar, pela lógica presente no censo, que "a maioria dos hindus na Índia, portanto, não são hindus verdadeiros", como bem deduziu Ponraj (2012, p. 25).

Para além da delimitação proposta pelo Censo de 1910, podemos ainda definir quem é hindu de outras formas. A mais popular, como observa Ponraj (2012, p. 24), corresponde à ideia de que "qualquer indiano que não for muçulmano, cristão ou *sikh* é um hindu". Ou seja, hindu não seria somente um pertencimento, mas também um elemento de corte, marcado mais pela ausência do que pela presença. Tal "ausência" estaria não somente na distinção em relação às demais religiões, na definição de hinduísmo como a religião com ausência "de um profeta, de um livro sagrado revelado, de monoteísmo, de organização eclesiástica" (Oliveira, 2014, p. 160), mas também na definição de *hindu* como aquele que se distingue dos que, tendo uma identidade própria e bem definida no campo religioso, não são hindus. Desse modo, hindu é o indiano que não é muçulmano, não é cristão e não é judeu, por exemplo (Küng, 2004).

Essa categorização, apesar de simplória, evidencia um aspecto que não deve ser esquecido: diferente de outras religiões, tais como o cristianismo, que construíram sua identidade religiosa em contraponto àquilo que é definido, entre as práticas e crenças internas, como "herético", o hinduísmo, não tendo tal aspecto em seu interior, apresentou uma unificação resultante e dependente, em grande medida, "do enfrentamento com outras religiões que desafiaram as instituições, práticas e crenças religiosas dos hindus" (Lorenzen, 2006, p. 79, tradução nossa).

Nesse sentido, certamente a colonização inglesa, como já mencionado, serviu como catalisador. Porém, tal identificação dos hindus resultante de contato e confronto com outras religiões não ocorreu somente com a colonização europeia. Como afirma Lorenzen (2006), antes da época colonial já se iniciava um processo de unificação do hinduísmo e de estabelecimento de uma identidade dos hindus em oposição à religião islâmica, que se expandia. Assim, a afirmação da identidade hindu se deu e ainda se dá não somente contra o cristianismo, religião dos colonizadores ingleses, mas também contra o islamismo, religião daqueles que dominaram a Índia por séculos a partir do século XII d.C. (Talbot, 1995).

Desse modo, definir quem é hindu em oposição a quem é cristão ou muçulmano não é apenas uma forma de se distanciar das demais religiões; trata-se igualmente de afirmar um nacionalismo marcado por uma história de opressão e identidades decorrentes de confrontos inter-religiosos.

1.3 Vários deuses ou um?

No que diz respeito ao hinduísmo como religião, naquilo que tem de presença, e não de ausência, os próprios hindus tendem a se definir não tanto em relação às suas crenças, tais como os cristãos e os muçulmanos, mas em relação às suas práticas (Doniger, 1991). Segundo Lorenzen (2006, p. 80, tradução nossa), a religião hindu é "mais 'ortoprática' que ortodoxa", ou seja, preza mais pela prática correta do que pela crença correta – ou ainda, mais pela prática do que pela crença, pura e simplesmente.

IMPORTANTE!

"Segundo os hinduístas, o que a pessoa faz é mais importante do que aquilo em que ela acredita", de modo que "o rito religioso é mais importante do que o conteúdo religioso" (Hellern; Notaker; Gaarder, 2001, p. 50). Quanto aos deuses, porém, pode-se afirmar que o hindu não se caracteriza tanto por crer nos deuses, mas, antes, por adorar os deuses – crendo ou não neles.

Como explica Staal (1996, p. 389, tradução nossa), "um hindu pode ser teísta, panteísta, ateu, comunista e crer no que quiser". Nesse sentido, para aqueles que observam a religião hindu por uma perspectiva ocidental de religião, cujo centro é a crença como marca da verdadeira pertença, o hinduísmo se apresentaria com "regras sem significado" e práticas vazias de sentido.

Tal percepção, contudo, é fruto muito mais de incompreensões do que de um senso crítico sobre a religião dos hindus. Trata-se de uma dificuldade de se perceber a possibilidade de uma religião genuína, que prioriza a prática em vez da crença, por se entender um caminho não somente de busca da verdade – "uma implacável busca da verdade", segundo Mahatma Gandhi (citado por Nehru, 1994, p. 75, tradução nossa) –, mas também, e talvez principalmente, de submissão à ordem da realidade.

Tal "ordem" não é outra coisa senão o *dharma*, termo que, conforme Nehru (1994, p. 74, tradução nossa), provém de uma raiz linguística com sentido de "manter junto", trazendo a ideia daquilo que é a constituição mais íntima de algo, a lei de sua essência. No *Mahābhārata* (5.80.66; 8.49.50), é dito que o "*dharma* limita as criaturas". Tal termo, porém, tem aplicação em sentido ético como "código moral, direito, e toda a abrangência dos deveres e responsabilidades humanas" (Nehru, 1994, p. 74, tradução nossa).

Dessa forma, *dharma* ganha um sentido que engloba a própria verdade ao mesmo tempo que dá significado a ela. É por isso que no *Bṛihadāraṇyaka Upaniṣad* é dito que "*dharma* é chamado de verdade e, se um homem declara o que é verdadeiro, dizem que declara o *dharma* e, se um homem declara o *dharma*, dizem que ele declara a verdade" (Suda, 1970, p. 358, tradução nossa).

Assim, perceber o hinduísmo como *Sanātana dharma*, "religião eterna", ou ainda como *ārya dharma*, "religião nobre", é entender que, para além de ser uma religião ligada à Índia, à "terra nobre" (*Āryadesha*), o hinduísmo é também uma religião essencialmente prática, podendo até mesmo ser vista como um "estilo de vida" (Chakravarti, 1994). O hiduísmo "ultrapassa os limites da religião e percorre toda a estrutura social, dos atos comuns da vida diária até a literatura e a arte" (Martins, 2006, p. 24).

Na realidade, a priorização da prática em detrimento da crença é, em grande medida, resultado da forma como os hindus se relacionam com as divindades, o que difere do modo como os ocidentais se relacionam com a divindade ou, ainda, da forma como os muçulmanos adoram a Deus.

PRESTE ATENÇÃO!

Mesmo que os livros sagrados hindus, tais como os textos védicos, falem dos diversos deuses presentes nas religiosidades indianas – que simbolicamente são imaginados em número de 330 milhões de deuses –, cada hindu escolhe seu próprio *Iṣṭa-devatā*, literalmente "divindade preferida", ou seja, o deus (*deva*), ou melhor, a forma de deus escolhida para adorar.

Klostermaier (2009, p. 6) afirma que "o hinduísmo é politeísta, ao passo que os hindus são monoteístas". A fim de distinguir o hinduísmo das religiões cristã, judaica e muçulmana, costuma-se indicar tal perspectiva do hinduísmo a respeito da divindade com o termo *henoteísta*, cunhado por F. Max Müller, no século XIX, para explicitar tal especificidade.

Acontece, no entanto, que tal prática expressa também uma possibilidade de crença bastante recorrente entre os hindus: que todos os deuses não são senão manifestações e representações de um mesmo deus, criador, mantenedor e destruidor do Universo, de modo que as diferentes formas do hinduísmo são consideradas diferentes formas de se adorar o mesmo deus com nomes diferentes (Klostermaier, 2009). Dessa maneira, é possível afirmar que, em muitos casos, os hindus não são somente henoteístas, mas também, de certo modo, monoteístas.

Na verdade, se compararmos a Trindade cristã (Pai, Filho e Espírito Santo) à *Trimūrti* hindu, ou seja, os três principais deuses do hinduísmo, que são Brahma, Vishnu e Shiva, veremos que, nesse aspecto, talvez o hinduísmo esteja mais próximo de um monoteísmo absoluto do que o cristianismo. A Trindade cristã é vista pelos muçulmanos como politeísmo, afinal, as três pessoas divinas são, efetivamente, três pessoas distintas. Ela somente se compararia à *Trimūrti* se fosse percebida pela ótica de uma das diversas heresias cristãs, como o modalismo, uma vez que Brahma, Vishnu e Shiva não são tidos como pessoas divinas distintas, mas como diferentes manifestações e expressões de uma mesma realidade divina, *Brahman*.

IMPORTANTE!

Mais do que uma tríade divina, a *Trimūrti* apresenta "três rostos do mesmo Deus" (Andrade, 2010, p. 46). São, portanto, as três formas de um único Deus se apresentar: como criador, mantenedor e destruidor (renovador) do Universo.

FIGURA 1.3 – Representação da *Trimūrti* em uma gruta de Elefanta

Robin Kay/Shutterstock

Diferentemente do que se poderia supor, o monoteísmo hindu não é decorrente de influências cristãs ou mesmo judaicas. Em vez disso, parece ter surgido dentro da própria religiosidade da Índia, tendo suas origens em tempos bastante remotos. O aspecto da unicidade divina se apresenta hoje não somente "por uma supremacia do monismo em relação às tendências politeístas do hinduísmo", como aponta Andrade (2010, p. 46), mas também por interpretações de certos deuses como representações mais adequadas de um Deus Supremo, tal como ocorre no shivaísmo.

No shivaísmo, Shiva é *Ishvara*, "o senhor", a expressão do único Deus e, de certo modo, é também a própria *Trimūrti* e não somente parte desta, ou o vaisnavismo – o maior segmento do hinduísmo, contando com cerca de 70% dos hindus (Klostermaier, 2009, p. 6) –, que toma Vishnu como *Bhagavān*, "o excelso", a divindade suprema.

Mas, se a prática é mais importante que a crença, cabe questionar: Como os hindus, para além de crerem, veneram suas divindades? Quanto à adoração da divindade – independentemente de se crer em um ou mais deuses –, ela se manifesta especialmente em um processo de aproximação entre ser humano e ser divino, no qual a divindade é apreendida pelos sentidos do religioso, especialmente pela visão.

Como mencionam Doniger (1991) e Eck (2007), quando o hindu vai ao templo para adorar, não diz "estou indo para adorar", mas "estou indo para *darśana*". Tal termo, *darśana*, em vez de expressar adoração, carrega consigo a ideia de *ver*. O hindu, portanto, ao se deslocar para um templo ou em direção a um local de adoração, procura algo para ver. Não se trata, porém, de um objeto para colocar sua visão, mas, antes, um objetivo pelo qual sua visão é ajustada e direcionada para a realidade espiritual. Não se trata tanto de ver algo, mas de ver por meio de algo: não é ver a divindade na imagem, mas ver a divindade por intermédio da imagem.

Assim, vendo e contemplando a imagem, como um ato de adoração, através de seus olhos o adorador recebe a bênção da divindade.

Nesse sentido, podemos pensar na decoração das estátuas e até mesmo dos *sadhus* – os homens santos que renunciam a suas famílias e seus bens a fim de viverem plenamente a religião. As flores e as pinturas servem não somente como decoração, mas também como favorecimento do principal mecanismo de relação entre o hindu e a divindade, que é a visão. Visualiza-se a imagem divina e, consequentemente, encontra-se na presença de Deus, vendo-o por intermédio das imagens.

1.4 Do vegetarianismo à carnificina?

Muitas vezes, o que possibilita que um hindu "veja" não é tanto uma estátua, mas um ser vivo, podendo ser uma pessoa ou até mesmo um animal. No caso de animais, eles são valorizados principalmente por duas razões:

1. Crendo-se na reencarnação (*saṃsāra*), um ciclo de morte e renascimento, concebe-se a possibilidade de os animais terem almas de pessoas reencarnadas, culminando em uma considerável valorização dos seres vivos, expressa pela *ahiṃsā*, a "não violência".
2. Muitos animais são considerados sagrados e estão conectados a certas divindades, em decorrência de mitos, associações ou simbologias.

Vários são os animais sagrados para os hindus, como o cisne, associado a Brahma, a águia, associada a Vishnu, e o touro, associado a Shiva. Porém, há ainda diversos outros, tais como o macaco, associado ao deus-macaco Hanumān. Para além de terem semelhança com um dos deuses, os macacos aparecem também na história do *Rāmāyaṇa* como integrantes do exército que ajudam o deus Rāma a resgatar sua esposa Sītā e derrotar o demônio Rāvaṇa.

Por razões como as apresentadas, tais animais são não somente tolerados como valorizados ao longo de todo o território da Índia, sendo cuidados e mimados em locais sagrados, tal como o Templo de Galtaji, em Jaipur – que ficou conhecido informalmente como o "Templo dos Macacos". O mesmo acontece em locais seculares, como as ruas das cidades. Na atualidade, tal aproximação chega ao ponto de se tornar um problema. Em virtude do perigo que os macacos têm representado, as autoridades indianas perceberam que a relação, antes era sadia, tem se tornado, em virtude do crescimento populacional tanto dos humanos quanto dos macacos, um risco para ambas as partes.

Mais famosa que a valorização do macaco é a sacralidade da vaca entre os hindus. Tal sacralidade parece ser decorrente da importância desse animal na economia indiana ao longo da história, mas essa importância acabou adquirindo um profundo valor simbólico. De acordo com Knott (1998), a forma como os ocidentais veem uma vaca é completamente diferente da forma como um indiano vê esse animal. Enxergando-a pura e simplesmente como um bicho de fazenda, que é fonte de leite e carne, os ocidentais estranham a presença de inúmeras delas nas cidades indianas. Também não compreendem tão bem o extremo respeito que os indianos lhes prestam, permitindo que tais animais atrapalhem o trânsito das grandes cidades e andem livremente por onde quiserem. Acontece, porém, que um indiano, ao olhar para uma vaca, vê para além, pois se trata de "um símbolo sagrado, mãe divina de todos", em cujo estrume está a fertilidade (Knott, 1998, p. 111, tradução nossa).

IMPORTANTE!

A vaca é tida como mais pura do que o brâmane, o mais puro entre os homens. Ela não somente purifica quem a toca, mas também carrega consigo elementos sagrados que vão do leite, fonte de vida, ao excremento, utilizado como fertilizante e como combustível

(Hellern; Notaker; Gaarder, 2001). Além das características próprias da vaca, ela também está vinculada ao deus Vishnu, denominado Govinda e Gopāla, ou seja, respectivamente, "aquele que encontra vacas" e "protetor de vacas".

Não é à toa, portanto, a existência na Índia dos diversos *goshalas*, os "abrigos de vacas", onde estas moram e são cuidadas. Contudo, tal sacralidade é consideravelmente recente, não marcando o hinduísmo como um todo, nem ao longo da história, nem na atualidade. Mesmo assim, não se deve confundir: as vacas têm tais espaços justamente por sua valorização, mas não chegam a ser realmente "adoradas", senão respeitadas. Assim, não há estátuas de vacas nos templos.

Na verdade, apesar de haver templos para macacos, tigres, elefantes, cobras, cachorros e outros animais, não há templos para vacas. Por incrível que pareça, ela é "um dos poucos animais que não são objeto de adoração na Índia" (Doniger, 2014, p. 502, tradução nossa). A diferença delas em relação aos outros animais, que são adorados neste ou naquele templo, é que elas são respeitadas pela maioria dos hindus e dos indianos.

De fato, já nos *Vedas* há hinos à vaca, pelo fato de ela suprir o que é necessário para o sustento da vida, ao mesmo tempo que, nos próprios *Vedas*, há também a referência ao sacrifício e ao consumo de gado como parte de festas cerimoniais. A proibição do consumo da carne de vaca, portanto, foi incorporada posteriormente ao hinduísmo. Veio mesmo por volta do ano 1000 d.C. (Harris, 1978), como consequência da ideia de *ahiṃsā*, a "não violência" contra qualquer ser vivo na compreensão da unidade da vida. Atesta-se o ano de 1000 d.C. porque Abū Rayḥān Al-Biruni (973-c1050 d.C.)[1],

1 Trata-se da data provável de nascimento e da data aproximada de morte de Abū Rayhān Al-Biruni.

um viajante persa, visitou a Índia e registrou a proibição do consumo de carne (Wescoat Jr., 1997).

Hoje, a proteção à vaca é uma marca tão forte que foi indicada por Mahatma Gandhi como a mais importante manifestação do hinduísmo (Agoramoorthy, 2012). Ainda assim, é importante salientar que há algumas vertentes, ou melhor, algumas expressões religiosas que se identificam com o hinduísmo, que não compartilham do vegetarianismo. E elas vão além: não somente se come carne de gado, como também se pratica o sacrifício desses animais, cujos cadáveres são queimados para as divindades.

Esse é o caso de algumas formas de shaktismo, a linha do hinduísmo cujo culto é concentrado em uma deusa (*devi*) suprema, normalmente indicada como sendo a deusa Parvati, ou ainda suas manifestações como Durga ou Kali. Nessas formas de religiosidade, pode haver sacrifícios de animais, os quais são realizados à deusa, como no caso do festival anual *Durga Puja* ("Adoração de Durga").

Na "Adoração de Durga", é comemorada a morte do demônio Mahishasura, um búfalo-demônio. Como recriação do evento, costuma-se sacrificar um búfalo para a deusa – pelo menos nas comunidades no Nepal –, o que representa a vitória da divindade sobre o búfalo-demônio. No entanto, em muitos casos, em virtude do valor (religioso, não somente econômico) de um búfalo, esse animal é substituído por uma ave ou um bode, sacrificados em seu lugar. Em outros casos, tendo em vista o respeito à vida, na lógica do *ahiṃsā*, o ritual de comemoração é realizado de forma simbólica, mediante o uso de um boneco feito de farinha ou ainda de alimentos vegetais.

Tal respeito à vida, entretanto, parece ter sido completamente esquecido em outra celebração religiosa, que é o famoso Festival *Gadhimai*, uma festa realizada no Templo de Gadhimai na cidade de Bariyarpur, no Nepal. Em tal festival, inúmeros animais – além de aves (como galinhas, patos e pombos), cabras, bodes, porcos e, principalmente, bovinos – são sacrificados à deusa do poder, *Gadhimai*.

Em vez da tão recorrente cena de pessoas tocando gentilmente as vacas e prostrando-se diante delas, o Festival *Gadhimai* apresenta pessoas com facas e facões, prontos para o abate de inúmeros búfalos. Nos dias do festival, ocorre uma verdadeira carnificina, na qual milhares de búfalos são decapitados, tendo suas cabeças jogadas em um buraco e seus corpos queimados como oferta à deusa.

Em uma entrevista, Joginder Patel, um dos encarregados de abater búfalos no festival, afirmou que seu trabalho é "tão fácil como cortar vegetais", de modo que somente ele decepou a cabeça de 300 búfalos no festival de 2009 e mais 175 no festival de 2014 (Pattisson, 2014, tradução nossa). O evento ocorre a cada cinco anos.

FIGURA 1.4 – Homem com facão no Festival de *Gadhimai*

Navesh Chitrakar/Reuters/Fotoarena

Preste atenção!

Estima-se que no Festival *Gadhimai* realizado em 2009, pelo menos 250.000 animais tenham sido mortos (Lang, 2009). Considerado o evento com maior número de sacrifícios de animais do mundo, já atraiu a atenção de muitas organizações em prol dos direitos dos animais, que se movimentaram para acabar com ele.

Em 2014, possivelmente em virtude de críticas internacionais, o festival teve um decréscimo no número de mortes: no caso dos búfalos, o número caiu de aproximadamente 10.000, em 2009, para 5.000 cabeças, em 2014 (Pattisson, 2014). Em 2015, porém, foi dado um passo ousado: o secretário do Gadhimai Temple Trust, Motilal Prasad, anunciou a decisão de se "parar a prática do sacrifício animal" (Jones; Phuyal; Pandey, 2015, tradução nossa) durante o festival.

Além dos casos de carnificina, há também inúmeros hindus que, apesar de se considerarem pertencentes ao hinduísmo, comem carne. Em geral, não são seguidores de Krishna, cujo culto e religiosidade costumam incluir o vegetarianismo e intensificaram essa prática dentro da cultura hindu (Davidson, 2003). Trata-se, portanto, de pessoas que, a despeito de sua dieta, identificam-se com a religião hindu. Dessa forma, deve-se admitir, conforme Davidson (2003, p. 115, tradução nossa), que "muitos hindus hoje e no passado comeram" e ainda comem carne.

Ou seja, a definição de *hindu* do Censo de 1910 como sendo alguém vegetariano, que não come carne, deixa de fora dessa classificação muitas pessoas que, embora se alimentem de animais, adoram os deuses próprios do hinduísmo e compartilham práticas e crenças com o hinduísmo tradicional.

IMPORTANTE!

É preciso ter em mente que tal ênfase no vegetarianismo é a explicitação de uma profunda relação entre as crenças hindus e o respeito à vida animal, de modo que a alimentação se torna questão séria até mesmo na política.

Um exemplo de questão política está na cidade sagrada de Varanasi, na qual homens santos cobraram que nenhuma carne ou álcool fosse servido nos cruzeiros de luxo que passeiam com turistas estrangeiros pelo Ganges. A justificativa foi o fato de que o rio não deveria ser poluído espiritualmente – mesmo que, sendo depósito de resíduos, dejetos e cinzas de inúmeros mortos, o Ganges já seja, fisicamente, um dos rios mais poluídos do mundo (Dhillon, 2018).

Outro exemplo é a forma violenta com que os defensores dos direitos das vacas têm agido na Índia. Em 29 de junho de 2017, onze homens mataram Alimuddin Ansari em nome do direito das vacas, pois o muçulmano transportava carne. Tais homens foram presos, sendo aparentemente os primeiros condenados por violência em nome das vacas. Acontece, porém, que, ao invés de ser contida, a quantidade de atos como esse cresceu, de modo que grupos hindus extremistas têm realizado inúmeros ataques a muçulmanos e até mesmo a hindus de classes mais baixas, totalizando pelo menos 38 ataques que resultaram em 10 mortes somente em 2017 (Safi, 2018) e que continuaram ocorrendo nos anos posteriores.

1.5 Hinduísmo ou hinduísmos?

Entre a possibilidade de adorar milhões de deuses ou apenas um, entre o vegetarianismo hindu da Índia e a carnificina das festas no Nepal, é possível perceber que o hinduísmo é marcado não somente por uma pluralidade de crenças, mas também de práticas. No âmbito de uma mesma definição (hinduísmo), encontram-se inúmeras linhas e perspectivas religiosas que são, muitas vezes, contrastantes e opostas, mas que, de algum modo, são incorporadas em um mesmo universo religioso. Quanto à existência de um ou mais deuses, a resposta hindu parece um verdadeiro paradoxo para a mente ocidental: "o sábio fala do que é Um de muitas formas" (Jamison; Brereton, 2014, p. 359, tradução nossa, *Rig Veda* 1.164.46)[2].

É verdade que, entre o monoteísmo – se é que o termo é apropriado – e o politeísmo, "diferentes facções" do hinduísmo "argumentaram apaixonadamente por uma visão contra a outra" (Doniger, 2014, p. 10, tradução nossa). Todavia, assim como a prática é mais importante do que a crença no hinduísmo, também as diferenças de práticas são mais relevantes do que as diferenças de crenças. Desse modo, se a discussão entre monoteísmo e politeísmo é restrita ao campo teórico e da argumentação, "pessoas foram mortas na Índia por terem matado animais" (Doniger, 2014, p. 36, tradução nossa) ou, ainda, por consumirem carne, conforme indicado anteriormente.

Em virtude disso, o hinduísmo se apresenta, no que diz respeito às heresias, como uma religião flexível, que se adapta e que convive com ideias plurais e opostas, e também como uma religião que apresenta uma definição bastante vaga de heresia (Doniger, 2014). Ele abrange em unidade uma imensidão de perspectivas e concepções das mais variadas, cujas diferenças só são plenamente e agudamente percebidas na realização prática de suas consequências últimas. Dessa maneira, é uma tarefa consideravelmente difícil, especialmente para um ocidental, definir o que é o hinduísmo.

---

2 Muitas das citações nesta obra são de textos sagrados editados por outros autores. As referências de tais textos serão feitas no padrão autor-data e, em seguida, serão acrescentadas informações adicionais relativas ao próprio texto. Essas informações dizem respeito ao título do texto e a divisões como capítulos, seções, hinos, versos e versículos. Por exemplo, nesse caso, a notação *Rig Veda 1.164.46* indica que o texto é retirado da obra *Rig Veda*, livro 1, hino 164, verso 46. O *Rig Veda* é uma obra dividida em 10 livros, conhecidos como *mandalas*, nos quais se inserem os hinos, constituídos por versos, também chamados de *mantras*.

Levando-se essa mesma pluralidade em conta, uma forma de se pensar o hinduísmo, considerando-se tantas diferenças entre as suas partes, é imaginá-lo não como algo sólido e monolítico, mas como algo ramificado e em crescimento, como uma árvore. Não é à toa, portanto, que alguns hindus comparam o hinduísmo à árvore *banyan* (Ponraj, 2012), conhecida como *figueira-de-bengala*, que é um importante símbolo da Índia. Ela realmente serve como analogia: assim como é difícil contar quantas ramificações uma *banyan* tem (Figura 1.5), também é difícil perceber a unidade entre as várias vertentes do hinduísmo.

Além disso, muitos de seus galhos, ao invés de crescerem para cima, crescem para baixo, tornando-se novas raízes. Como partes independentes do tronco, funcionam da mesma forma que muitas vertentes do hinduísmo: ao invés de prolongarem antigas concepções, tornam-se novas perspectivas, independentes e muitas vezes divergentes das anteriores.

Figura 1.5 – Árvore *banyan* figueira-de-bengala

Ralf Broskvar/Shutterstock

São muitas as linhas possíveis dentro do hinduísmo e são infinitas as possibilidades de religiosidade, uma vez que, para além dos templos e dos festivais, é no dia a dia, dentro das casas, que cada religiosidade particular se consolida e é exercida. Muitas vezes se esquece que, para além das características de pluralidade e fluidez do hinduísmo, há inúmeros "hinduísmos", não somente por divergências de interpretação e prática, mas também em virtude do fato de que a religiosidade, apesar de ter seu caráter coletivo, também é, em grande medida, individual.

Importante!

O grande número de "hinduísmos" é resultado do grande número de hindus, que vivem das tradições herdadas, mas que, em cada lar e em cada cidade, têm suas diferenças e, na vida de cada religioso, apresentam-se de novas formas. Podemos afirmar que a essência do hinduísmo está, em grande medida, em sua própria multiplicidade.

Quando falamos em multiplicidade, não nos referimos somente a uma multiplicidade histórica, marcada por uma longa evolução de concepções, no decorrer dos milênios. Indicamos também uma multiplicidade étnica, uma vez que o hinduísmo é a religião principal de uma região onde coabitam inúmeros povos, que falam mais de duzentas línguas e dialetos distintos (Frias, 2003), tais como o *hindi*, o *concanim*, o *urdu*, o *gujarati*, o *marathi* e tantos outros. Assim, é evidente que haverá uma multiplicidade religiosa, pois se trata de um universo que imagina 330 milhões de deuses ao mesmo tempo e que consegue reduzi-los a apenas um.

A essência do hinduísmo é a própria multiplicidade, de modo que é possível defini-lo com um paradoxo: o hinduísmo é, em grande medida, a relação dos hinduísmos, ou, nas palavras de Pániker (2005, p. 398, tradução nossa), "um devir cultural, social, político e espiritual que entrelaça um número sem fim de 'tradições'", de modo que se caracteriza por um devir "que não é nenhum processo evolutivo linear, mas um monte de diálogos escorregadios".

É, portanto, a unidade na própria pluralidade. No próximo capítulo, analisaremos essa pluralidade em seu aspecto histórico, nas várias etapas de desenvolvimento das inúmeras propostas religiosas que, em conjunto, são denominadas *hinduísmo.*

SÍNTESE

Hinduísmo é um termo que se desenvolve principalmente a partir da relação dos indianos com os britânicos, durante o período de dominação na Índia, servindo como a forma de os estrangeiros entenderem e se referirem à religião dos hindus. Os hindus, porém, referem-se à sua religião principalmente como *Sanātana dharma*, expressão que significa "religião eterna", mas cujo termo *dharma* vai muito além da ideia ocidental de "religião", significando também "ordem", "lei" e tendo um sentido bastante prático e abrangente, englobando a cultura e a própria vida dos hindus. Não tendo fundador ou dogma, o hinduísmo costuma ser definido com base em suas ausências, o que dificulta a percepção de que ele tem profundas presenças que não existem nas demais religiões.

Se o termo *hinduísmo* é difícil de definir, também o é o termo *hindu*, que, tendo como significado original um sentido geográfico, identificando quem vivia na região do Rio Indo, acabou ganhando, com o tempo, um sentido religioso, conforme se delineava não somente a identidade hindu, mas também a identidade indiana, vinculada a ela. Desse modo, ainda hoje é complicado separar o hinduísmo da Índia, que não é somente seu "berço", mas também sua "morada". É a região geográfica onde o hinduísmo é praticado, mas é também um local que, para muitos hindus, deve ser considerado sagrado e até mesmo divinizado como a Mãe Índia.

Contudo, a identificação entre indiano e hindu tem suas limitações. A definição de *hindu* encontra problemas nas categorias religiosas. Diferentemente da religiosidade ocidental, os hindus não valorizam tanto a crença quanto a prática. Nessa perspectiva, um hindu pode ser politeísta ou então monoteísta, acreditando na existência de milhões de deuses ou em somente um. A análise torna-se ainda mais complexa porque, mesmo nas práticas, há consideráveis divergências que, ao serem reconhecidas pelos próprios hindus, geram profundos problemas sociais. Um exemplo é o vegetarianismo, que, defendido e praticado por uma parte da população hindu, gera mortes em nome dos direitos dos animais que são protegidos.

Considerando-se todas essas problemáticas, fica claro que o hinduísmo não é somente uma religião com particularidades; ele é também uma forma diferente de religião, cuja pluralidade e multiplicidade devem ser entendidas como parte integrante de sua constituição. Assim, a busca pela definição do hinduísmo resulta na percepção de que ele deve ser visto como a relação entre os hinduísmos possíveis e existentes na criação de um universo religioso que comporta um conglomerado de crenças e práticas diferentes, divergentes e, muitas vezes, opostas. É a religião da diversidade, cuja complexidade é expressa nas palavras de Vyasa acerca do *Mahābhārata*: "o que não puder ser encontrado aqui não existe em lado nenhum" (Frias, 2003, p. 179).

Atividades de autoavaliação

1. Qual é a expressão própria dos hindus para se referirem à sua religião e que, apesar de ser usualmente traduzida como "religião eterna", carrega consigo um conceito mais profundo?
   A] *Satyagraha.*
   B] *Moksha.*
   C] *Sanātana dharma.*

D] *Atman.*
E] *Trimūrti.*

2. Qual é o sentido mais antigo da palavra *hindu*, proveniente do termo *sindhu*?
A] Sentido racial.
B] Sentido religioso.
C] Sentido cultural.
D] Sentido geográfico.
E] Sentido de multiplicidade.

3. O hinduísmo apresenta uma ideia de tríade divina que, muitas vezes, é comparada com a Trindade cristã, mas que, na verdade, expressa três representações de um mesmo Deus. Indique a alternativa que apresenta o termo pelo qual tal ideia é expressa:
A] *Trimūrti.*
B] *Dharma.*
C] *Iṣṭa-devatā.*
D] *Darśana.*
E] *Bharat Matā.*

4. Qual é o nome do festival com o maior número de sacrifícios animais do mundo e que é realizado a cada cinco anos no Nepal?
A] *Durga Puja.*
B] *Holi.*
C] *Gadhimai.*
D] *Shiva Puja.*
E] *Dharma Puja.*

5. Considerando-se a pluralidade do hinduísmo, pode-se imaginá-lo, conforme apresentado no capítulo, a partir de um símbolo da Índia, a *banyan*, que é:
A] um animal.
B] um tempero.

C] uma pedra.
D] uma árvore.
E] um rio.

Atividades de aprendizagem

Questões para reflexão

1. Segundo relatórios e estatísticas a respeito das religiões, estima-se que exista quase 1 bilhão de pessoas que se consideram hindus. Pesquise se há pessoas adeptas dessa religião em seu bairro, em sua cidade, em seu estado ou em seu país. Em seguida, produza um texto em que você responda, com argumentos, à seguinte pergunta: Um brasileiro pode ser hindu? Sua resposta deve explicar o que faz de alguém hindu e o que é hinduísmo.
2. O contraste entre os hindus vegetarianos e a carnificina do Festival *Gadhimai* é muito mais evidente em imagens do que em palavras. Pesquise na internet imagens que representem o cuidado dos hindus com as vacas, a exemplo dos *goshalas*, e imagens do Festival *Gadhimai*. Em seguida, levando em conta a pluralidade do hinduísmo, escreva um texto que, fundamentado no que é o hinduísmo, explique a aparente contradição entre o cuidado das vacas e o Festival *Gadhimai*.
3. Escreva o significado de cada um dos termos sânscritos a seguir, trabalhados neste capítulo:
   A] *Dharma.*
   B] *Sanātana dharma.*
   C] *Bharat Matā.*
   D] *Trimūrti.*
   E] *Iṣṭa-devatā.*
   F] *Darśana.*
   G] *Ahiṃsā.*

Atividade aplicada: prática

1. Entreviste cinco pessoas de sua convivência. Faça a elas as seguintes perguntas:
   a] Qual religião, entre as que existem hoje, você acredita ser a mais antiga?
   b] Qual é a sua religião?
   c] Você conhece o hinduísmo? O que você sabe sobre essa religião? O que acha dela?
   d] Que semelhanças você acredita existirem entre o hinduísmo e a sua religião?
   e] Como você entende a Trindade cristã? Acha possível haver semelhanças com concepções religiosas de outras religiões?

2 DESENVOLVIMENTO HISTÓRICO DO HINDUÍSMO

Neste capítulo, apresentaremos o hinduísmo com base em uma visão histórica, procurando esclarecer seu desenvolvimento e suas transformações ao longo do tempo. Assim, buscaremos evidenciar não somente as mudanças que essa religião sofreu nesses milênios de existência, mas também as razões para determinadas percepções e até mesmo práticas hoje existentes dentro do hinduísmo. Também demonstraremos como o hinduísmo se comportou na história tendo como base diferentes propostas religiosas, como se fossem diferentes religiões que convergiram e se misturaram até a sua formação. Para isso, vamos destacar tanto as diferenças quanto as semelhanças entre as diferentes religiões que, em conjunto, formaram o hinduísmo.

2.1 Uma longa história

A maioria dos livros que tratam do hinduísmo indica o início dessa religião com a invasão do subcontinente indiano pelos arianos (ou indo-europeus), por volta de 1500 a.C. Segundo tal teoria, os chamados *arianos* teriam invadido a região da Índia e levado consigo "crenças e saberes partilhados com outros povos indo-europeus", marcando "uma nova fase cultural" naquela região (Frias, 2003, p. 180). Porém, como afirma Klostermaier (2014), o que os livros não informam é que tal invasão não passa de uma teoria, fundamentada em "pura especulação".

Tal hipótese foi estabelecida principalmente a partir do século XVIII, quando o juiz britânico William Jones (1746-1794) notou a admirável semelhança do sânscrito, a língua dos textos sagrados hindus, com o persa, o grego, o latim, o celta e o gótico. Com base em tal percepção, foi criada a teoria de que todas essas línguas – e as línguas decorrentes delas – seriam de uma mesma família linguística, denominada *indo-europeia* ou *ariana*. Amparada no estudo linguístico, a "teoria ariana" avançou e se desenvolveu no século XIX, de modo que Friedrich Max Müller, inspirado por essa teoria, passou a utilizar o termo *ariano* para se referir não somente a um conjunto linguístico mas também a uma raça humana da qual seriam provenientes tanto os indianos quanto os persas, os romanos, os gregos, os celtas, os eslavos e os germânicos (Bianchini, 2012).

Tal teoria, apesar de se apresentar com roupagem de ciência, baseava-se muito mais em especulações e deduções do que, de fato, em provas e indícios de natureza arqueológica e histórica. Assim, estabeleceu-se como um verdadeiro "mito", o qual precedeu e, em certa medida, forneceu as bases pseudocientíficas – as quais são equivocadas – para o "mito nazista", desenvolvido por Alfred Rosenberg e outros alemães a fim de embasar as pretensões de Adolf Hitler.

O fato é que, em nome de uma "superioridade ariana", barbaridades terríveis foram cometidas nas décadas de 1930 e 1940 na Alemanha, durante o regime nazista, que pretendia fazer uma espécie de "limpeza racial" naquele país. Mas será que, por causa desse uso nazista, devemos abandonar completamente o termo *ariano*? Não. Afinal, o sentido ideológico que a palavra recebeu do nazismo sofreu, na verdade, uma "completa perversão do sentido original" (Feuerstein; Kak; Frawley, 2005, p. 46, tradução nossa).

Mesmo assim, o uso feito pelos nazistas só foi possível pela força e propagação que a "teoria ariana" já tinha no início do século XX, apesar da falta de embasamento histórico dela. Afinal, em vez de se fundamentar historicamente, tal teoria se fundamentou em conjecturas e hipóteses decorrentes das semelhanças linguísticas e gramaticais. Foram semelhanças entre línguas, e não conhecimentos históricos efetivos, que geraram a teoria da "expansão ariana", assim como sua suposta direção, da Ásia Central e das estepes russas para a Anatólia.

Outra possibilidade de origem seria a região ao norte do Mar Negro, como indicou Mircea Eliade (2010), em virtude de um vocabulário comum para certos animais – tais como o lobo, o urso, o ganso, o salmão, a vespa e a abelha – e árvores – tais como a bétula, a faia, o carvalho e o salgueiro. Eles são próprios de uma zona temperada tal qual essa região, entre os Cárpatos e o Cáucaso.

É claro que a teoria ariana tem, em grande medida, seu valor. De fato, a semelhança de palavras nas diferentes "línguas indo-europeias" para algumas ideias é evidente, como no caso de "mãe": *mata* (sânscrito), *matér* (grego), *mata* (latim), *mathair* (celta), *mathir* (persa), *mutter* (alemão), *moder* (suéco), *moeder* (holandês), *madre* (espanhol), *mama* (romeno), *matko* (polonês), *mother* (inglês), *matj* (russo), *maika* (búlgaro), *mair* (armeno) etc. (Feuerstein; Kak; Frawley, 2005, p. 48). Outro exemplo, talvez mais surpreendente, é a palavra *pater*, "pai", que é igual no sânscrito, no grego e no latim e que leva o estudioso a deduzir, na linha da teoria ariana, que a palavra é "datada do tempo em que os antepassados dos helenos, dos itálicos e dos hindus viviam ainda juntos na Ásia Central" (Coulanges, 2004, p. 89).

Todavia, como em várias outras teorias, muitas deduções foram equivocadas. Afinal, apesar de o estudo linguístico ser bastante importante na pesquisa sobre a história desses períodos tão recuados, qualquer teoria que se baseie exclusivamente nesse tipo de fundamentação terá, necessariamente, profundas limitações e, principalmente, estará suscetível a inúmeros equívocos. É o caso da ideia, bastante difundida, de que os arianos teriam avançado até a Índia e conquistado todos os povos no caminho por serem um povo pastoril com carros de guerra (Frias, 2003), uma vez que os povos conquistados (na Índia) sequer conheciam o cavalo, por serem agricultores. Hoje, com as descobertas arqueológicas, fica claro que os povos que habitavam a região da Índia não somente conheciam o cavalo há bastante tempo – e a prova disso é a existência de desenhos desse animal em cavernas que datam do período paleolítico –, como também se utilizavam desse animal como meio de transporte e tração – o que invalida completamente a teoria.

As escavações arqueológicas na Índia foram intensificadas principalmente a partir da década de 1920, com a descoberta e exploração de duas grandes cidades no Vale do Rio Indo, que transformaram completamente a percepção histórica a respeito da Índia Antiga: as cidades de Harappa e Mohenjo-Daro (representada na Figura 2.1), no atual Paquistão. Trata-se de duas enormes cidades, cuja datação é estimada por volta de 2500 a.C. Isso coloca um questionamento sobre a usual ideia de que a civilização indiana teria tido início com as invasões arianas.

FIGURA 2.1 – Sítio arqueológico de Mohenjo Daro

Trip Dee Dee Photo/Shutterstock

Alguns autores, a fim de preservarem a teoria ariana, chegam a recuá-la para a data de 2500 a.C. Porém, com a descoberta de outros sítios ainda mais antigos, como o de Mehrgahr, que data de 7000 a.C., não somente a "teoria ariana" é questionada, como também muitos autores passaram a desenvolver uma nova teoria. Com tais achados, entende-se que a Índia pode ser, até mesmo, o verdadeiro "berço da civilização" (tradução da expressão em língua inglesa *cradle of civilization*), tal como defendem Georg Feuerstein, Subhash Kak e David Frawley (2005).

Mas será que tais descobertas derrubam completamente a ideia de um povo ariano? Há quem admita, tal como Hans Küng (2004), a existência de uma civilização do Vale do Rio Indo, com uma "cultura índica", e uma posterior invasão ariana, entre 1700 e 1200 a.C. Contudo, muitos pesquisadores atuais têm indicado a possibilidade de que o hinduísmo não tenha surgido com uma cultura recém-chegada, no caso, a dos arianos, mas com o desenvolvimento da própria cultura, uma cultura índica que surgiu no Vale do Rio Indo, sendo uma religiosidade que é fruto da chamada *civilização do Vale do Indo*, também conhecida como *civilização de Harappa*, a exemplo dos próprios textos védicos (Lal, 2005).

Nessa linha, questiona-se a recorrente teoria da "invasão ariana" como base da formação da cultura védica (Lal, 2005). Assim, os *Vedas* não seriam fruto de uma religiosidade estrangeira trazida à Índia pelos arianos, em sua invasão, mas o resultado de uma evolução religiosa ocorrida dentro do próprio espaço geográfico e cultural indiano. Porém, o debate ainda não se encerrou e tem alcançado, inclusive, aspectos políticos (Thapar, 1996).

Seja como for, a origem dos *Vedas* permanece incerta, no que diz respeito tanto à sua datação quanto à sua origem cultural. Também, mais do que respostas, a nova historiografia tem apresentado perguntas a respeito das cidades da civilização de Harappa e até mesmo do significado dos diversos artefatos encontrados. Afinal, os sinetes marcados com figuras de homens com chifres e unicórnios, assim como a escrita encontrada – a "escrita de Harappa" (inglês: *Harappan scritp*) ou "escrita do Indo" (*Indus scritp*) –, permanecem em grande medida um mistério.

Como afirma Bianchini (2012, p. 106), "não há ainda respostas definitivas para uma série de questionamentos". Portanto, quando estudamos o início da religião hindu, ou seja, a "religião védica", é preciso termos em mente que os fatos conhecidos são imprecisos, as teorias estão em discussão e o conhecimento a respeito dessas questões ainda é marcado por mitos e especulações.

2.2 A religião védica

Antes de se tornar a designação de uma raça, sendo utilizada para afirmar ideologias e teorias, a palavra *ārya*, em sânscrito (*airya*, em avéstico), tinha o sentido de "homem nobre". Até hoje não está claro se o termo era empregado para designar um povo que se considerava "superior", marcado pela cor clara e alta estatura, em contraste com os *dasya*, ou "drávidas", outro povo, com cor escura, estatura mais baixa, "sem nariz", e adeptos do culto do falo (*sisna deva*).

Apesar de muitos autores indicarem a referência dos *Vedas* a uma guerra entre os *ārya* e os *dasya*, temos aqui o que pareceser uma guerra interna, e não necessariamente uma guerra entre dois povos diferentes. Mais do que um conflito entre duas raças, parece ser um conflito entre um grupo "nobre" (*ārya*) e um grupo de estrato mais baixo que, após dominado, será considerado como "escravo" (*dasya*). Mas, para além desse elemento racial questionável, quais outros aspectos marcaram o período védico da religião hindu, que costuma ser indicado entre 1500 e 1000 a.C.?

Certamente, uma das grandes marcas da religião védica foi a adoração de deuses que são personificações de fenômenos da natureza ou valores morais. Tais deuses, que totalizavam trinta e três, poderiam fazer parte de um entre três grupos:

1. Os *Vasus*: eram divindades de elementos materiais da natureza, como o céu, a terra, o vento, o fogo, as estrelas, a atmosfera, o sol e a lua.
2. Os *Rudras*: eram, em geral, personificações de conceitos abstratos, como o conhecimento, o pensamento, a vida e a fala.
3. Os *Ādityás*: eram os outros filhos de Aditi, mãe dos deuses (*devamata*), os quais não eram nem elementos naturais nem conceitos abstratos, mas seres personificados que, em conjunto, eram nomeados como "de Aditi" (*Ādityás*), apesar de esta ser a mãe de todos os deuses.

Tal como várias outras mitologias, a religião védica apresentava um deus do céu e "pai" dos deuses, Dyaus, ou Dyauspitar, o "Céu pai"

(*Atharva Veda* 6.4.3)[1], cujo nome se assemelha ao grego Zeus Pater, assim como ao latino Júpiter, ao ilírio Daipatures e aos nomes de vários outros deuses (Eliade, 2010, p. 186). Isso fortalece a ideia de que havia a presença de indo-europeus na Índia do período védico, fossem eles "arianos invasores", fossem eles indianos autóctones.

Dyauspitar, o Céu, era considerado esposo de Prthvî, a Terra, de modo que juntos eram o casal Dyâvâprithivi, "o Céu e a Terra" (*Rig Veda* 1.160). Assim, se o Céu é o "Céu pai", a Terra é a "Terra mãe", tal como em inúmeras outras mitologias, a exemplo da mitologia grega, na qual tal função é assumida por Deméter, variação de *ge mater*, "mãe Terra", que já apresenta em seu nome tal caráter.

Quanto a Dyaus, no entanto, distingue-se bastante do Zeus grego, uma vez que, como fenômeno natural que representa o "Céu" e o "dia", Dyaus é percebido como distante dos homens, apesar de ser o "Céu que tudo sabe" (*Atharva Veda* 1.32.4). Não terá na Índia, portanto, aquela adoração ampla e profunda que Zeus terá entre os gregos. Antes, será um deus antigo, sobreposto por várias outras divindades, sendo quase esquecido e ficando praticamente restrito aos textos védicos.

Entretanto, Dyaus não é o único deus do Céu na religião védica; há também Varuna, deus ligado inicialmente aos céus e que depois será relacionado à água, qualificado no *Mahābhārata* (1.21.6; 1.25.4) – texto escrito no período da religião devota, muito tempo depois da religião védica – como "senhor do mar" e "rei dos *nâgas*", ou seja, rei dos espíritos serpentes, cuja morada é o mar. Antes disso, nos *Vedas*, Varuna é considerado um "deus soberano por excelência". Como menciona Eliade (2010), além de ser identificado como um *asura*, ou seja, como uma divindade das mais antigas, ele também

---

1 Essa referência, *Atharva Veda* 6.4.3, diz respeito à obra *Atharva Veda*, livro 6, hino 4, verso 3. Trata-se de uma obra dividida em 20 livros, conhecidos como *mandalas*, nos quais se inserem os hinos, constituídos por versos, também chamados de mantras.

é denominado *samraj*, ou seja, "rei universal" (*Rig Veda* 7.82.2), tomado como senhor supremo de todas as coisas.

Diferente de Dyaus, que parece distante dos homens, Varuna, que tem "mil olhos" (*Rig Veda* 7.34.10), observa os seres humanos de perto, os quais se sentem "como escravos" em sua presença (*Rig Veda* 1.25.1). Para Stella (1971, p. 8), Varuna "sabe o que está nos homens, vigia as almas, pune", mas "torna-se propício por meio da súplica". Por conta disso, a impressão passada nos textos védicos é a de que todos os homens se preocupam com Varuna e com seus laços, de modo que ele está sempre presente em suas mentes.

Varuna é também um dos *Ādityás*, ou seja, um dos filhos de Aditi, juntamente com outros deuses, como Mitra, personificação do "contrato", Aryaman, que cuida da sociedade – especialmente no que diz respeito à hospitalidade e a casamentos –, e Bhaga, "parte", responsável pela distribuição das riquezas. Assim, podemos dizer que os *Ādityás*, em conjunto, regem a ordem cósmica no nível social, estando presentes nas relações familiares, econômicas e contratuais. Tal ordem é relacionada a um conceito, o *ṛta*, que pode ser considerado, de certo modo, "o antecedente védico do *dharma*" (O'Flaherty, 1988b, p. 99, tradução nossa). É por isso que é dito que Varuna e Mitra adquirem seu poder "por meio da lei" (Griffith, 1889, p. 4, tradução nossa, *Rig Veda* 1.2.8).

Para a religião védica, fica claro que, juntamente com seus irmãos, Varuna comanda a ordem social como um todo, estando próximo de todos os seres humanos, que dependem dele de forma prática em suas relações sociais. Porém, além de reger a ordem social, Varuna também rege a ordem de todo o cosmos.

Apesar de Varuna não ter sido o criador efetivo do Universo, é aquele que lhe dá ordem, que o constitui segundo o *ṛta*, a ordem do cosmos, de modo que "esticou a Terra como um açougueiro a uma pele, para que ela seja qual tapete ao Sol", além de pôr "o leite nas vacas, a inteligência nos corações, o fogo nas águas, o Sol no céu, o *soma* sobre as montanhas" (*Rig Veda* 7.85.1-2, citado por Eliade, 2010, p. 195). A ordem, contudo, não implica uma situação de inércia, mas de estabilidade. Afinal, muitos elementos dessa ordem cósmica envolvem uma mudança constante, tal como a alternância entre o dia e a noite ou entre o sol e a chuva, de maneira que, para além do *ṛta*, Varuna dispõe de *maya*, qualidade mágica que possibilita a mudança, seja positiva, seja negativa (Eliade, 2010). É o senhor da estabilidade, portanto, a qual é gerada tanto pela ordem quanto pela mudança inerente a essa ordem e presente nela.

IMPORTANTE!

Varuna não é considerado o criador do Universo. Mesmo assim, não deixa de ser o "rei do *ṛta*", responsável pela ordem do cosmos tanto no sentido natural quanto no sentindo moral, de modo que é a ele que os pecadores devem suplicar, uma vez que somente ele pode restabelecer a ordem quebrada pelas infrações morais.

Podemos perceber que há uma aproximação entre Varuna, regente do Universo, e os seres humanos, que dependem dele não somente para a realidade existir, mas também para sua vida prática. Ele tem uma importância tanto cósmica como pessoal na religião védica.

No entanto, se Varuna tem tal importância na religião védica, "com o tempo, Varuna se tornará um *deus otiosus*", ou seja, um deus distante dos seres humanos, tal como Dyaus, sendo praticamente esquecido, sobrevivendo "principalmente na erudição dos ritualistas e no folclore religioso" (Eliade, 2010, p. 196).

O que acontece é que, com esse distanciamento de Varuna, divindade tão importante, surge um "vácuo" religioso, que acaba sendo preenchido por outro deus. Quem, então, toma o lugar de Varuna como divindade principal é o deus Indra, que também está ligado ao céu, mas como senhor das tempestades – sendo quem desencadeia os furacões, derrama a chuva e gera a umidade.

Varuna e Indra chegam a ser denominados em conjunto como "senhores supremos", em um hino dedicado a ambos (*Rig Veda* 1.17.1), indicando que, na transição de uma divindade para outra como "deus supremo", os dois parecem ter convivido por certo tempo. Também, assim como Varuna, Indra aparece como uma espécie de "criador" ou "demiurgo", uma vez que "estendeu céu e terra, e com poder Indra fez o Sol brilhar" (Griffith, 1897, p. 111, tradução nossa, *Rig Veda* 8.3.6). Após esse ato "criador", ou melhor, organizador do Universo, Indra toma autoridade e designa o próprio Varuna como guardião do *ṛta*, de modo que fica claro que está acima deste ao lhe designar a tarefa. Afirmar que Indra é quem designa tal função a Varuna é, de certa forma, afirmar que o poder e a importância de Varuna provêm, em última medida, do próprio Indra.

IMPORTANTE!

Indra é, como lembra Eliade (2010, p. 199), o "mais popular dos deuses" da religião védica. O mais importante dos textos védicos, o *Rig Veda*, tem como mito principal o combate contra Vrtra, a serpente. Tal mito é relevante também na explicitação da transição entre Varuna e Indra como divindade suprema, uma vez que, posteriormente, Varuna chega a ser associado a Vrtra, sendo apresentado como uma "víbora" (*Atharva Veda* 12.3.57).

A importância do mito do combate contra Vrtra vai para além da rivalidade com Varuna, uma vez que, mais do que o poder de Indra, a vitória mostra sua astúcia: depois de ter fugido ao ver Vrtra (*Śatapatha Brāhmaṇa* 1.6.3-17) por ter ficado com medo da enorme serpente, Indra lhe envia mensageiros com uma oferta de paz, a fim de que, com tal paz aparente, possa surpreender a serpente e matá-la com seu *vajra*, "raio", libertando as águas do mundo.

FIGURA 2.2 – Escultura do deus Indra no Templo de Srikantheswara, em Nanjangud, Índia

Nila Newsom/Shutterstock

Para além do mito, Varuna e Indra se diferenciam também em relação àquilo a que são associados. Se Varuna se relaciona ao *ṛta*, a ordem do cosmos, Indra se relaciona a outro elemento da realidade, o *soma*.

Soma é uma divindade, mas ao mesmo tempo é uma planta e a bebida feita a partir desta, que inúmeras vezes é mencionada como oferenda aos deuses no *Rig Veda*: "com suco *soma* derramado, os cantores glorificam" (Griffith, 1889, p. 3, tradução nossa, *Rig Veda* 1.2.2). Como deus, Soma é amigo dos deuses, mas, principalmente, amigo de Indra, que se relaciona também com a bebida, a qual, segundo a crença da religião védica, dá força, confere coragem, aumenta o vigor sexual e até, de certo modo, cura enfermidades (Eliade, 2010). Indra é chamado de "bebedor do *soma*" inúmeras vezes (*Rig Veda* 1.4.2; 1.29.1; 1.30.11-12; 1.55.7) e esse texto menciona ainda que foi bebendo o *soma* que ele se tornou "o matador dos Vrtras" (*Rig Veda* 1.4.8).

Podemos dizer, com base nos textos védicos, que o *soma* é uma planta que cresce nas montanhas (*Rig Veda* 7.85.2), cujo "suco" é como uma espécie de "ambrosia", contendo o segredo da imortalidade (*Rig Veda* 8.48.3), e, por essa razão, é a principal oferta aos deuses.

PRESTE ATENÇÃO!

Mas o que exatamente é o *soma*? Segundo Robert Gordon Wasson (1971), um banqueiro e pesquisador amador, o *soma* védico seria um cogumelo que conferiria experiências extáticas a quem o consumisse. De fato, mais de um cogumelo já foi cogitado como o verdadeiro *soma*, assim como algumas plantas com seiva leitosa. Tais teorias, porém, não passam de especulações, de modo que não se sabe ao certo que planta era denominada *soma* na religião védica, permanecendo ainda hoje um mistério.

Entretanto, o "bebedor de *soma*", Indra, não era o único deus do panteão védico ao lado de Dyaus e Varuna. Havia vários outros deuses, totalizando trinta e três, alguns dos quais eram particularmente importantes, tais como outro deus que também era bastante próximo aos homens: Agni, o deus do fogo.

À semelhança do que ocorre com Dyaus, seu nome se assemelha a termos análogos de outras línguas: em latim, a palavra para *fogo* é *ignis*; em lituano, é *ugnis*; e, em proto-eslavo, é *ogni*. Seu culto, mediante o fogo familiar, dentro de casa, também se assemelha aos cultos familiares entre gregos e romanos, cujo fogo sagrado era o elemento primário da religião arcaica, fundada e centralizada na família (Coulanges, 2004). Porém, a importância de Agni vai além do culto familiar, sendo o *purohita*, o "sacrificador", por excelência, conforme o primeiro hino védico: "Eu canto Agni, o grande sumo-sacerdote, deus, ministro do sacrifício, o arauto, pródigo de riquezas" (Griffith, 1889, p. 1, tradução nossa, *Rig Veda* 1.1.1).

Desse modo, além de *grhapati*, "senhor da casa", Agni também é aquele que conduz os deuses ao sacrifício (*Rig Veda* 1.1.2), aproximando homens e deuses. Seu valor, portanto, só pode ser compreendido quando temos em mente que "a religião védica é uma religião de sacrifícios" (Frias, 2003, p. 182).

IMPORTANTE!

Se "os próprios deuses, em comparação com o sacrifício, são secundários", como afirma Frias (2003, p. 182), certamente Agni terá importância fundamental na religião védica, já que é o deus dos sacrifícios e está necessariamente presente.

O sacrifício é visto como uma espécie de contrato com as divindades, ou seja, agradam-se os deuses em troca de proteção. É por isso que será principalmente a Agni que se deve pedir proteção, para afastar os pecados ou mesmo qualquer tipo de mal, recaindo a bênção naquele que sacrifica e em toda a sua família. Não é, portanto, somente o deus dos "cabelos de chama" e "maxila dourada", o qual deixa um rastro negro quando se lança às árvores (*Rig Veda* 1.58.4); é também o *hotar*, o "sacerdote", "por excelência, intermediário primeiro entre os deuses e os homens" (Stella, 1971, p. 10).

Os sacrifícios, contudo, não eram destinados somente aos deuses. Também havia, naquele contexto, um verdadeiro culto aos antepassados, realizado por meio de oferendas. Nas *Leis de Manu*, também denominadas *Mānava-Dharmaśāstra* (1.95), havia o comando para que os chefes de família oferecessem aos antepassados uma refeição, chamada *sraddha*: "que o chefe da casa faça o *sraddha* com arroz, leite, raízes e frutos, para conseguir a benevolência dos antepassados". Acreditava-se que, oferecendo-se tal refeição fúnebre, os antepassados viriam à presença dos vivos a fim de aproveitarem os alimentos oferecidos e também abençoarem seus descendentes.

Segundo o historiador Fustel de Coulanges, que notou a impressionante semelhança entre a prática védica e o culto aos antepassados presente entre gregos e romanos, o *sraddha* explicita um fato importante na história do hinduísmo: "antes de crerem na metempsicose [reencarnação], que supunha existir uma distinção absoluta entre a alma e o corpo, acreditaram na vaga e indecisa existência do ser humano, invisível mas não imaterial, reclamando dos mortais alimento e bebidas" (Coulanges, 2004, p. 16).

PRESTE ATENÇÃO!

Essa primeira crença na permanência dos antepassados em diálogo com os vivos implica a ausência da crença na reencarnação, segundo a qual os mortos não permanecem como "almas" errantes após a morte, mas reencarnam para uma nova vida.

A presença de duas passagens no *Rig Veda* que, como afirma Bouquet (1948, p. 30, tradução nossa), "vagamente sugerem a ideia" de reencarnação, parece ser decorrente mais de uma percepção desenvolvida na própria Índia, por volta do final do período védico, do que de uma concepção própria da religião védica. Afinal, quando Agni fala com os mortos, não lhes diz que voltem à vida, mas que "o Sol receba seu olho e o vento seu espírito" e que se vá, de acordo com seu mérito, "para o céu ou para a terra" (Griffith, 1897, p. 402, tradução nossa, *Rig Veda* 10.16.3). Diz ainda que "faça morada nas plantas com seus membros" (Griffith, 1897, p. 402, tradução nossa, *Rig Veda* 10.16.3), enquanto os familiares clamam que o homem morto vá "para os Pais" (Griffith, 1897, p. 402, tradução nossa, *Rig Veda* 10.16.1), ou seja, os antepassados, ou à "região dos piedosos" (Griffith, 1897, p. 402, tradução nossa, *Rig Veda* 10.16.4).

Entende-se que, na morte do homem, o seu *manas*, "espírito", "mente", deve ir para onde estão seus *pitaras*, "antepassados", onde reina Yama, o deus da morte, tendo o destino de acordo com a piedade dos vivos, conforme os ritos fúnebres (Stella, 1971).

2.3 A religião bramânica

Assim como a religião védica, também a religião bramânica foi marcada pelo sacrifício. Afinal, normalmente situada entre 1000 e 600 a.C., a religião bramânica é, em grande medida, o desenvolvimento da religião védica, de 1500 a 1000 a.C., por meio de rituais adaptados e textos védicos reinterpretados.

Observamos, contudo, que a forma dos sacrifícios muda completamente com o desenvolvimento interno da religião hindu. No contexto védico, o culto não conhecia santuário (Eliade, 2010) – não havia templos, uma vez que a religião era primordialmente familiar, de modo que os sacrifícios eram domésticos (*griha*) ou, quando solenes (*shrauta*), eram realizados em um local especial, mas não em um templo próprio.

Não importando de que tipo fossem – com oferendas de manteiga, banha, arroz, cereais, bolos, carne de cabra, de vaca, de touro, de carneiro ou de cavalo, ou ainda com libações, de água, leite ou *soma* –, os sacrifícios eram realizados em um espaço limitado. Geralmente aconteciam na casa do sacrificante, no qual o chefe da família presidia a cerimônia, realizada com um banquete no qual se invocava que a divindade descesse à relva que ficava à frente do altar (Frias, 2003).

Quanto aos sacrifícios *griha*, isto é, "domésticos", estes não eram somente para a conservação do fogo da casa, alimentado constantemente, nem para a comemoração das festas agrícolas; eram realizados também em momentos de *samskara* (consagração) – o nascimento de alguma criança, a introdução de um jovem rapaz ao seu preceptor brâmane, a comemoração de algum casamento ou, ainda, a realização de um funeral (Eliade, 2010).

No contexto bramânico, no entanto, o sacrifício ganha aspecto sacerdotal, uma vez que, conforme Andrade (2010, p. 43), nesse período "os ritos e sacrifícios foram sistematizados, a sociedade recebeu uma estruturação adequada e surgiu a classe sacerdotal – uma casta exclusiva para presidir os sacrifícios". Assim, a religião se organiza, ao mesmo tempo que se distancia do ambiente familiar, de modo que "o povo simples perdeu o acesso aos sacrifícios e, consequentemente, o contato direto com a divindade" (Andrade, 2010, p. 43). Além disso, ainda de acordo com Andrade (2010, p. 43), "Somente o intermediário, o sacerdote, poderia levar o povo simples até o divino". Até mesmo os sacrifícios *griha*, realizados no ambiente familiar, passaram a ser controlados pela elite sacerdotal – algo que hoje já não é mais realidade (Wangu, 2009).

Tal "sacerdotização" da religião esteve ligada – se como causa ou consequência não podemos afirmar com precisão – a uma reinterpretação de um texto védico conhecido como *puruṣasūkta*, o hino de número 90 no livro 10 do *Rig Veda*, o principal dos escritos védicos, dedicado a Puruṣa. Nesse texto, fala-se de Puruṣa, "o homem", sendo uma espécie de personificação de todo o cosmos, uma vez que é "tudo o que há, e tudo o que há de ser" (Griffith, 1897, p. 517, tradução nossa, *Rig Veda* 10.90.2). Ele é oferecido pelos deuses como sacrifício e de seu corpo imolado resultam não somente os animais e os elementos litúrgicos para os sacrifícios, mas também as classes sociais. "Quando eles imolaram Puruṣa, em quantas partes eles o dividiram? Como a sua boca era chamada, como seus braços, como suas coxas, como foram chamados os seus pés? Sua boca tornou-se o *brâmane*, seus braços tornaram-se o *rājanya*, suas coxas se tornaram o *vaiśya*; o *śūdra* nasceu de seus pés" (Wilson, 1888, p. 252-253, tradução nossa, *Rig Veda* 10.90.11-12, Wilson).

FIGURA 2.3 – *Puruṣa e as castas*. Pintura em manuscrito de 1705

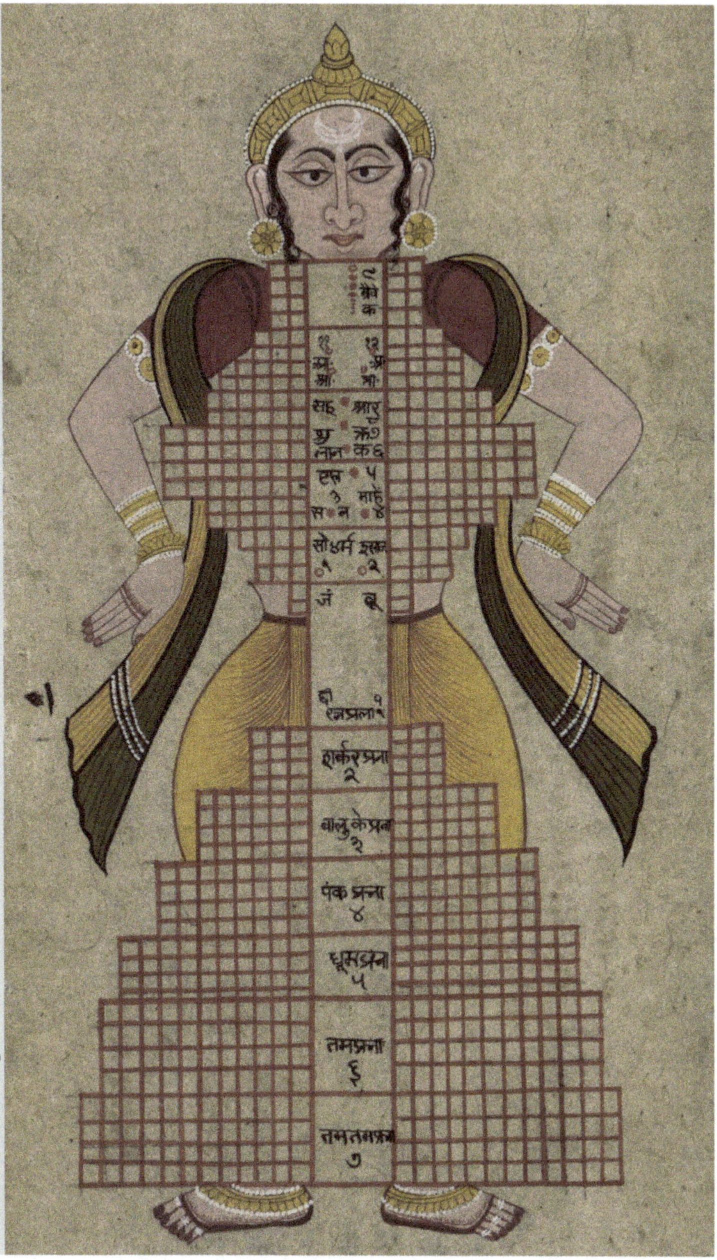

Album/ZUMA Press/Glow Images

Ou seja, nesse sacrifício divino, feito em prol do próprio sacrifício (*Rig Veda* 10.90.16), foi apresentado, na interpretação desse contexto, como a sociedade deveria ser dividida: em quatro classes sociais – quatro *varna*, "cores", "castas", que representam as quatro partes de Puruṣa.

Observe a Figura 2.3. Os brâmanes, vindos de sua cabeça, seriam os responsáveis pela preservação da cultura hindu, como sacerdotes, no topo da pirâmide social; abaixo deles estariam os *rājanya* ou *kṣatriya* (xátrias), provenientes de seus braços, a classe dos guerreiros, responsáveis pela guerra; em terceiro lugar, os *vaiśya* (vaixás), vindos das coxas de Puruṣa, sendo aqueles voltados ao comércio e à agricultura; em quarto lugar, os *śūdra* (sudras), originários dos pés, sendo aqueles dedicados aos trabalhos mais humildes, na base da pirâmide social. Assim, aplicando-se uma interpretação social do *puruṣasūkta*, foram estabelecidos os fundamentos do que viria a se consolidar como a sociedade de castas.

O *puruṣasūkta*, além de uma interpretação social, recebeu também uma valorização cada vez maior. Segundo Eliade (2010), o texto deveria ser recitado durante o *purusamedha*, o "sacrifício do homem", o qual, conforme alguns textos, é indicado como sendo um sacrifício humano, de um homem de valor, brâmane ou xátria, comprado a alto preço, imolado após um ano de liberdade e em cujo cadáver a rainha teria de se deitar. Porém, é bem provável que tal ritual não ocorresse na prática, efetivando-se em seu lugar o *asvamedha*, o "sacrifício do cavalo", no qual tal animal era morto, simbolizando o deus Prajāpati, com o qual a rainha teria de se deitar, coberta por uma manta, a fim de simular o ato sexual (Eliade, 2010).

Preste atenção!

Mas quem é Prajāpati? Mais que um deus, é a indicação de um entre vários deuses como origem de todas as coisas, inclusive dos deuses. Assim, é associado principalmente com Puruṣa, de modo que se afirma nos *Brāhmaṇas* que "Puruṣa é Prajāpati" (*Jayminiya Brāhmaṇa* 2.56) e ambos, Puruṣa (*Jayminiya Brāhmaṇa* 2.56) e Prajāpati (*Śatapatha Brāhmaṇa* 11.1.6.13), são identificados com o "ano", ou seja, com o templo cíclico, que se relaciona ao sacrifício e ao altar de fogo. Nesse sentido, as articulações de Prajāpati são relacionadas às cinco estações do ano e às cinco camadas do fogo do altar (*Śatapatha Brāhmaṇa* 6.1.2).

Para além de Puruṣa, Prajāpati também é identificado com um conceito que passa a ganhar importância naquele contexto, a ideia de um deus único, *Brahman*, o Infinito, que deve ser entendido como "o que está além de todas as qualidades humanas" (Andrade, 2010, p. 43). Sua relação evidencia a importância do sacrifício e sua ligação com a imortalidade.

De fato, segundo os textos bramânicos, os próprios deuses não surgiram com a imortalidade, mas a alcançaram mediante o sacrifício, obtendo *Brahman* (*Śatapatha Brāhmaṇa* 11.2.3.6). Do mesmo modo, também os homens podem se tornar imortais mediante o sacrifício, uma vez que o homem "nasce" novamente não somente quando sacrifica, mas também quando morre, sendo colocado sobre o fogo a fim de voltar a existir (*Śatapatha Brāhmaṇa* 11.2.1.1). Trata-se, portanto, no caso dos homens, de uma imortalidade puramente espiritual, e não em vida, acessível somente após a morte (*Śatapatha Brāhmaṇa* 10.4.3.9).

Com esse contexto, entendemos que a religião bramânica não somente estabelece uma valorização social do brâmane, ou seja, da casta sacerdotal. Ela também enaltece o próprio sacrifício, que é o rito bramânico por excelência, pertencendo ao sacerdote, como intermediário entre homens e deuses. Tal importância chega ao ponto de permitir que a vida humana continue, mediante a permanência do *atman*, "pessoa", após a morte, e também mediante a permanência do próprio Universo, uma vez que "o Sol não nasceria se o sacerdote, na aurora, não oferecesse a oblação do fogo" (*Śatapatha Brāhmaṇa* 2.3.1.5, citado por Eliade, 2010, p. 222).

Assim, o brâmane não é apenas um simples sacerdote; ele é identificado com a própria realidade divina, Brahman, por conhecer a estrutura do Universo e participar dela como "encarnação eterna do *dharma*" (*Mānava-Dharmaśāstra* 1.98). Na prática, essa valorização do sacrifício se apresenta como uma mudança de sua forma, de modo que "a primitiva cerimônia do sacrifício no fogo vai se convertendo em um complicado ritual público que se prolongava por dias e até por meses e que ocupava um número cada vez maior de sacerdotes" (Solís, 1992, p. 76, tradução nossa).

2.4 A religião upanishade[2]

Apesar de a religião bramânica dar continuidade, de certo modo, à religião védica, ela também estabelece uma profunda transformação, que é continuada e aprofundada na religião upanishade, entre 600 e 200 a.C. Veremos que uma das principais mudanças, entre as apontadas, acontece na valorização dada ao sacrifício.

Conforme aponta Eliade (2010, p. 229), nos *Brāhmaṇas*, "os deuses védicos foram radicalmente desvalorizados em benefício de Prajāpati", e os autores dos *Upanishads*, em vez de voltarem às origens védicas, "prolongam e encerram esse processo". Porém, a transformação do período upanishade foi tal que não marcou oposição somente em relação aos *Vedas*, mas também em relação à religião bramânica, uma vez que os *Upanishads* "não hesitam em desvalorizar o todo-poderoso sacrifício" (Eliade, 2010, p. 229), tão valorizado nos textos dos *Brāhmaṇas*.

2 Nesta obra, adotamos a grafia *upanishade* para nos referirmos à perspectiva religiosa, isto é, ao contexto da religião, e a forma *Upanishad* para nos referirmos aos livros sagrados do hinduísmo com esse título.

Tal crítica ao sacrifício, contudo, apresenta-se mediante um processo de desvalorização dessa prática e consequente valorização de novos elementos, que passam a ser centrais na religiosidade hindu. O sacrifício, portanto, não é negado, mas seu valor é diminuído, diante das novas perspectivas religiosas. Por exemplo: não se nega que o sacrifício tenha um caráter cosmogônico, tendo o poder de criar e manter o mundo; porém, sendo o sacrifício nada mais do que *karman*, "ações", "atos", tal mundo será ilusório e perecível: "perece o mundo conquistado pelos *karman*" (*Chāndogyopaniṣad* 8.1.6, citado por Eliade, 2010, p. 229).

Entendemos, assim, que o valor do sacrifício não é completamente anulado, uma vez que, pelo termo *karman*, os *Brāhmaṇas* denotam "a atividade ritual e suas consequências benéficas" (Eliade, 2010, p. 229), como é o caso do sacrifício.

IMPORTANTE!

O sacrifício, que antes tinha caráter primordial, sendo inclusive razão de si mesmo, como elemento praticado por homens e por deuses, passa a ser visto sob uma nova percepção, que será mantida e aprofundada dentro do hinduísmo ao longo dos séculos seguintes. Trata-se do *saṃsāra*, ou seja, a "lei da transmigração", convertida na crença de que as almas, após a morte, são transmitidas para uma nova vida.

Mas como o sacrifício veio a ser relacionado à ideia de *saṃsāra*? Partindo da ideia de que uma ação gera um resultado, os hindus refletiram a respeito da lógica interna do sacrifício e de todo processo ritual. Perceberam que, se o resultado do sacrifício como ato ritual é a vida após a morte, deveria haver, também, um resultado para os demais atos (*karman*) realizados durante a vida ou até mesmo para os vários sacrifícios, praticadas repetidamente ao longo da vida do devoto.

Haveria, portanto, inúmeras "causas" dos *karman* realizados na vida de cada religioso, que não tinham seus "efeitos" visíveis nem na vida dele, nem em uma promessa após a morte. Assim, a resposta encontrada foi que, após uma vida pós-morte, seja em um mundo celeste – seja em um mundo infernal, a alma deveria encarnar, a fim de viver novamente, realizando nessa outra vida os resultados daquelas ações que, pelas leis do cosmos, o prendiam no ciclo de repetições que é o *saṃsāra*.

Não se tratava, portanto, de rejeitar os textos védicos ou mesmo bramânicos, mas de procurar neles um sentido mais profundo, oculto, por trás da interpretação ritualística. É por isso que os *Upanishads* são conhecidos também como *Vedānta*, ou seja, "o fim dos *Vedas*", o que indica que se trata de uma interpretação religiosa que faz parte da religião védica ao mesmo tempo que faz dela uma leitura mais profunda.

PRESTE ATENÇÃO!

É possível afirmar que, de certo modo, os *Upanishads* são "os primeiros textos filosóficos do hinduísmo, nos quais se pretendia descobrir o significado secreto dos ritos" (Solís, 1992, p. 76, tradução nossa), relendo não somente os textos védicos, mas também as interpretações bramânicas sobre eles. Nessa reinterpretação, alteram-se não somente perspectivas, mas também valores.

Se compararmos a extrema valorização do sacrifício e mesmo dos *karman* na religião bramânica com a crítica do mundo criado pelo sacrifício e, principalmente, a percepção dos *karman* como a causa do grande problema da humanidade, que é o *saṃsāra*, poderemos afirmar que os *Upanishads* realizaram "uma crítica violenta aos rituais e sacrifícios que haviam [sido] elaborados pelos *brâmanes* de outrora" (Andrade, 2010, p. 43).

O sacrifício passa de caminho de salvação a símbolo da realidade divina, cujo significado deve ser entendido a fim de que a prática tenha valor. Assim, o sacrifício não é realmente completo se não for acompanhado de meditação a respeito do *ātman*, "pessoa", "alma" (*Maitrāyaṇīya Upaniṣad* 1.1), cuja compreensão é, em grande medida, seu propósito.

Nos textos *Brāhmaṇas*, essa relação já existia, afinal, compreendia-se que, pelo sacrifício, a divindade recupera sua pessoa, seu *ātman*, mas também que, pelo sacrifício, o ser humano se torna *sarva*, "completo", "integral", ao construir para si mesmo seu próprio *ātman* (*Kaushitaki Brāhmaṇa* 3.8), que o torna imortal.

Na religião upanishade, no entanto, o sacrifício é reduzido a símbolo e lembrança do *ātman*, que existe em cada pessoa, sendo sua realidade imortal. Mais importante que o sacrifício, portanto, que não passa de um mecanismo simbólico, é a compreensão, por meio da meditação, da realidade espiritual simbolizada no rito, que é o *ātman*. Como bem resumiu, de forma genérica, Stella (1971, p. 22), "o caminho da salvação não é mais o das obras, ou seja, do sacrifício ritual, mas da meditação iluminadora que livra o homem das escórias, de toda a imperfeição, o liberta de todo o desejo que não seja o *ātman*".

A mudança do sacrifício para a meditação, como caminho de "salvação", entretanto, só pode ser plenamente compreendida quando se entende a mudança da própria ideia de salvação, da religião bramânica para a religião upanishade. Se, nos textos *Brāhmaṇas*, a "salvação", o objetivo final, era alcançar a imortalidade por meio do sacrifício, que constrói o *ātman* no ser humano, na religião upanishade, a "salvação" será *moksha*, a libertação da *saṃsāra*, o ciclo de morte e nascimento por meio das reencarnações.

IMPORTANTE!

Mas, se a meditação é o caminho, como, por meio da meditação, é possível alcançar *moksha*? Segundo a compreensão teológica desse contexto, a meditação possibilita a superação dos problemas espirituais por meio de *jñāna*, "conhecimento", "compreensão", o conhecimento secreto, gnóstico (*gnose*). Afinal, é a próprio *avidya*, "ignorância", que faz com que os homens vivam vidas irresponsáveis, ignorando que seus atos (*karman*) têm consequências.

Mircea Eliade (2010, p. 231) explica que "a ignorância (*avidya*) 'criava' ou reforçava a lei de 'causa e efeito' (*karman*) que, por sua vez, infligia a série ininterrupta das reencarnações (*saṃsāra*). Felizmente, a libertação (*moksha*) desse círculo infernal era possível sobretudo graças à gnose (*jñāna*, *vidya*)".

Mas, nesse momento, surgem outros questionamentos: Afinal, de que conhecimento (*jñāna*) estamos falando? O que deve ser conhecido e compreendido pelo religioso? Em primeiro lugar, devemos compreender a relação *avidya-karman- saṃsāra*, que prende os seres humanos, que precisam de libertação (*moksha*) por meio de um conhecimento (*jñāna*) da realidade espiritual. Em segundo lugar, precisamos entender a verdadeira realidade religiosa, que está presente em dois termos-chave: *ātman* e *Brahman*.

O *ātman*, como já explicado, é a própria "pessoa", uma realidade interior e imortal do ser humano. O que é necessário entender, porém, é sua relação com este outro conceito, que é muito mais importante e que, de certo modo, abrange o de *ātman*: *Brahman*. O "Infinito", "Ser", que é *Brahman*, está em todas as coisas ao mesmo tempo que está, de modo especial, dentro do ser humano. Assim, apesar de se afirmar que *Brahman* é "o mundo inteiro", o *Chāndogyopaniṣad* (3.14.2-4) afirma que ele é, também, "meu *ātman* no coração". Por isso, é "menor que um grão de cevada, menor que um grão de mostarda", dentro do ser humano, ao mesmo tempo que é "maior que a Terra, maior que a atmosfera, maior que esses mundos". Assim, fica claro que "*ātman* é, de fato, *Brahman*" (*Bṛhadāraṇyaka Upaniṣad* 4.4.5).

Cabe ao ser humano, portanto, identificar seu próprio ser, seu *ātman*, sua "pessoa", com o mundo todo, mediante *Brahman*. Ou, em outras palavras, é necessário identificar a "alma humana" à "alma do mundo" (Frias, 2003), compreendendo sua unidade em *Brahman*, que não lhe é diferente (Loundo, 2014).

É por tal conhecimento que o homem, de certo modo, se torna o próprio Universo: "qualquer um que souber 'Eu sou *Brahman*!' torna-se tudo [torna-se um com o Universo]" (Hume, 1921, p. 83-84, tradução nossa, *Bṛhadaraṇyaka Upaniṣad* 1.4.10). Assim, o *ātman* daquele que sabe essa verdade se une ao *Brahman* após a morte, enquanto aqueles que não têm tal conhecimento permanecem presos ao *saṃsāra*. "Então, qualquer um que adorar outra divindade, pensando 'Ele é um e eu sou outro', ele não sabe", de modo que não compreendeu a verdade (Hume, 1921, p. 84, tradução nossa, *Bṛhadaraṇyaka Upaniṣad* 1.4.10).

A "salvação", portanto, é possível somente para aquele que alcança o verdadeiro conhecimento (*jñāna*), entendendo quem é *Brahman*, quem é ele mesmo, como ser humano, e a relação entre ambos. Com tal conhecimento, a morte não é mais um problema, mas uma alegre entrada no Absoluto, no Infinito, simbolizada nos textos como a entrada na luz (Frias, 2003). Tal luz já existe dentro do ser humano, em seu *ātman*, a "luz no coração", que "brilha no interior do homem" (*Chāndogyopaniṣad* 3.13.7, citado por Eliade, 2010, p. 233). Porém, com a morte, o ser interior ao homem aparece sob a forma verdadeira e "atinge a mais alta luz" (*Chāndogyopaniṣad* 8.3.4, citado por Eliade, 2010, p. 233).

Uma vez que, no interior do ser humano, *Brahman* é identificado com *ātman*, fica claro que o caminho de libertação é um caminho de interiorização. É por isso que o sacrifício não é substituído somente pela meditação, mas também pelo desenvolvimento das práticas da *yoga*, junto à meditação, sendo que a divindade deve ser buscada pelo ser humano dentro de si mesmo.

PRESTE ATENÇÃO!

Tal como o sacrifício, também a *yoga* se relaciona à unificação do ser humano, utilizando-se da concentração e de posições do corpo para isso. Segundo Werner (1977), é possível identificar um hino do *Rig Veda* (10.136) com a *yoga*. Além disso, há algumas técnicas desse método no *Māṇḍūkya Upaniṣad*, no *Śvetāśvatara Upaniṣad* e no *Maitrāyaṇīya Upaniṣad* (Eliade, 2010), o que evidencia sua importância nesse contexto religioso.

Resumindo, com a religião upanishade, a compreensão (o conhecimento – *jñāna*) é "elevada a uma categoria iminente", enquanto "o sistema sacrificial, com a teologia mitológica que ele implica", perde "a primazia religiosa" (Eliade, 2010, p. 226). Assim, se a religião bramânica é a religião dos sacerdotes, que fazem a mediação entre homens e deuses pelo sacrifício, a religião upanishade é a religião dos ascetas, que abandonam a vida social a fim de viverem na floresta, concentrados na meditação.

Se recorrermos ao *Rig Veda* (10.136), veremos referência aos ascetas, descritos como um *muni*, "asceta", com cabelos longos, "cingido de vento" – ou seja, nu –, no qual os deuses entram e que é amigo dos animais. E é nesse contexto upanishade que há uma proliferação de ascetas, possivelmente em decorrência do sentimento resultante de "uma crise de profundidade na religião tradicional" (Eliade, 2010, p. 229), marcada pelos sacrifícios e pela ritualística, a qual passou a ser questionada. O próprio nome dos *Upanishads* carrega consigo a ideia de "ensinamentos secretos", o que é proveniente do que, literalmente, poderia ser traduzido como "sentar perto de alguém", como referência ao discípulo que senta aos pés de seu guru, seu mestre (Torwesten, 1991).

Apesar de o *Rig Veda* (10.129) se referir ao *tad ekam*, "o Um", neutro e Absoluto, identificado não somente a Prajāpati mas também a *Brahman*, é no contexto upanishade que se oferece uma compreensão mais profunda. Ela demanda um esclarecimento, levando os devotos a procurar clarificar, por meio da meditação, o verdadeiro significado oculto de toda a religião védica e até mesmo de toda a religião bramânica, na verdadeira realidade divina e humana, que é *Brahman*.

Ananda Wood (1996, p. 180, tradução nossa) afirma que "dos *Vedas* aos *Upanishads* há um movimento geral dos mitos e rituais da adoração religiosa, um questionamento filosófico", que repensa não somente o conceito de Deus, mas também seu significado na religiosidade e mesmo na vida de cada ser humano.

2.5 A religião devota

Durante o período upanishade, surgiram, dentro da religiosidade hindu, diversos movimentos que passaram a criticar, conforme já apresentado, a religião tradicional, tendo em vista interpretações diferentes a respeito dos deuses e da própria religião. Em grande medida, os textos *Upanishads* são fruto de tais movimentos, os quais foram incorporados pela tradição religiosa, que se renovou. Porém, alguns deles se afastaram tanto das antigas religiões védica e bramânica, que acabaram por criar as próprias religiões, deixando de ser o que se considera hoje como hinduísmo.

Um desses movimentos ocorreu por volta do século IV a.C., fundamentando-se nos ensinamentos de um príncipe xátria que abandonou seu palácio e assumiu a condição de monge. Ele viveu por volta do século VI a.C. e chamava-se Siddhārtha Gautama, mas ficou conhecido dentro do movimento como Buda (Buddha), "o iluminado". O **budismo**, nome pelo qual o movimento ficou conhecido, passou a ver como grande problema da humanidade não o *saṃsāra*, mas *dukkha*, o sofrimento e a impossibilidade de satisfação.

A verdadeira distância em relação ao hinduísmo, contudo, foi o estabelecimento do conceito de *anātman*, "não alma", na negação de que existisse um princípio imaterial, universal e imutável dentro do ser humano, uma vez que toda a realidade, inclusive o homem, é marcado por *anicca*, "impermanência". Assim, se para o hinduísmo upanishade a compreensão do *ātman* é essencial para a "salvação", para o budismo é necessário entender o *ātman* como inexistente, como uma ilusão.

FIGURA 2.4 – Estátua *O Grande Buda*, situada no Monastério Po Lin, em Ngong Ping, Lantau, Hong Kong

Mapnan/Shutterstock

Buda, portanto, não somente teria se colocado contra o sacrifício védico, afirmando que essa prática não traz resultados, mas também teria ido contra a interpretação upanishade, negando a existência do *ātman*. Não era, porém, uma adesão ao extremo oposto daquela religiosidade. É importante observar que Buda se posicionou contra esse *sassata*, "eternalismo", próprio dos *Upanishads*, mas também contra o seu oposto, o *uccheda*, "aniquilacionismo". Afirmou a existência da reencarnação e, em certa medida, a semelhança entre as vidas, mesmo que não haja, de fato, continuidade da alma como realidade interna e pessoal do ser humano.

Em outras palavras, Buda defendia a reencarnação, mas entendia que "o ser que experiencia os frutos dos atos de uma vida não é o mesmo, assim como não é diferente daquele que realizou esses atos em uma experiência passada" (McDermott, 1980, p. 166, tradução nossa). Ou seja, entre uma vida e outra não há continuidade, mas também não há completa separação – o ser humano não permanece, de fato, em sua integridade, assim como não deixa completamente de existir.

Assim como Buda, outro príncipe que se tornou monge, chamado Vardhamana, mais conhecido como Mahāvīra, "grande herói", serviu de base para a formação de outro movimento que também culminou em uma nova religião, denominada **jainismo**. De modo semelhante ao budismo, o jainismo nega os fundamentos da religião hindu, tais como a autoridade dos *Vedas*, a validade dos ritos e as castas (Stella, 1971), marcando um distanciamento considerável. No entanto, tal distanciamento vai além, afirmando-se, paralelamente ao hinduísmo, como uma religião "eterna", denominada *Jain Dharma*, da qual Mahāvīra seria o 24º e último *tīrthaṅkara*, ou seja, o último de uma continuidade de profetas que alcançaram *moksha* e ensinaram o caminho à humanidade.

A grande diferença em relação ao hinduísmo, contudo, parece ser a concepção jainista a respeito da alma, *ātman*. Diferentemente dos budistas, os jainistas não negam a existência da alma. Porém, diferentemente dos hindus, eles entendem a alma como uma realidade interdependente do corpo (Jaini, 1980). Consideram, inclusive, uma realidade material, a qual é alterada pelo *karma*, não o tendo somente como um preceito religioso, mas também uma realidade material e substancial, como partículas que se prendem às almas, conforme estas realizam más ações.

Os janinistas, portanto, negam que a alma seja *vibhu*, "onipresente", tal como professam os hindus, conectando-a ao corpo e, consequentemente, afirmando que o *karma*, ou seja, a relação "causa e efeito" das ações, só terá efetividade enquanto a alma estiver existindo em um corpo. Fora do corpo, porém, uma vez que a alma não é onipresente, permanece com a forma do corpo no qual estava, inclusive quando tal alma, mediante o *moksha*, torna-se uma *siddha*, uma "alma livre". Isso vale mesmo no caso em que é possível imaginar a *siddha* como *vibhu*, por não estar mais presa ao corpo (Jaini, 1980). Possivelmente tal concepção se deu pela ênfase jainista na relação corpo-alma, a fim de se diferenciar do hinduísmo e marcar sua identidade de crença.

Em contraposição a esses movimentos que se distanciavam da religião "ortodoxa", surgiu dentro do próprio hinduísmo um renovo espiritual que buscou não somente aprofundar as interpretações iniciadas pelos *Upanishads*, mas também restabelecer o "equilíbrio entre o divino e o humano, entre o fazer e o ser, entre o ato ritualístico e a realização do rito na vida" (Andrade, 2010, p. 44). Assim, mesmo que o sacrifício estivesse em declínio, os ritos foram revalorizados e a adoração aos deuses foi renovada, uma vez que à prática védica do sacrifício e à meditação upanishade "junta-se um terceiro caminho", que é "o do abandono completo de si, a deus e à sua misericórdia" (Frias, 2003, p. 185), denominado ***bhaktimarga***.

Assim, a devoção (*bhakti*) se torna a grande marca do renovo espiritual ocorrido entre 200 a.C. e 400 d.C., no qual há um intenso desenvolvimento de cultos a um ou mais deuses (Sullivan, 1997), como uma espécie de combate ao jainismo e ao budismo, dissidentes (Jaiswal, 2000). Desse modo, o período da devoção é marcado pela revalorização dos deuses, ou seja, destaca a apresentação da divindade em suas várias formas e manifestações especiais, para além de um princípio eterno e absoluto. A própria divindade, já percebida em sua unidade, *Brahman*, volta a ser apresentada em sua pluralidade, por meio dos deuses, que voltam a ter destaque na teologia e na religiosidade hindu.

Assim, nos *Purāṇas*, apresenta-se a divindade em sua forma tríplice, a *Trimūrti*, composta por Brahma, Vishnu e Shiva, e nos textos do *Rāmāyaṇa* e do *Mahābhārata*, celebram-se os dois mais famosos avatares (*avatāra*), ou seja, encarnações e manifestações do deus Vishnu, que são, respectivamente, Rāma e Krishna. Se nos textos do *Rāmāyaṇa*, Rama aparece como um grande herói, no *Mahābhārata* o destaque é dado a Krishna, que, guiando o príncipe Arjuna, acaba deixando instruções e palavras de sabedoria que serão fundamentais para o hinduísmo posterior.

No *Bhagavad Gītā*, considerado a parte mais importante do *Mahābhārata*, sendo denominado por muitos de o "Novo Testamento" do hinduísmo (Andrade, 2010), fica claro o destaque dado à importância da devoção, como se pode perceber nas próprias palavras de Krishna: "os sábios, ocupados com o serviço devocional, refugiam-se no Senhor, e se libertam do ciclo de nascimento e morte renunciando aos frutos da ação no mundo material. Desse modo, eles podem alcançar o estado além de todas as misérias" (Prabhupāda, 1985, p. 56, *Bhagavad Gītā* 2.51).

Assim, paralelamente à meditação, enfatizada no período upanishade, desenvolve-se a devoção (*bhakti*) como um caminho de religiosidade e também de libertação, o "caminho da devoção" (*bhaktimarga*), no qual a divindade busca ser percebida não somente em sua unidade, como *Brahman*, mas também em sua pluralidade, como suas manifestações nos deuses.

IMPORTANTE!

De certo modo, a religião devota não se contrapõe à religião upanishade, mas lhe dá continuidade, uma vez que a devoção, mesmo que direcionada para os deuses, é consciente da unidade divina, expressa não somente na *Trimūrti*, mas também na compreensão de que há somente um deus de fato.

O grande elo entre as duas religiosidades – upanishade e devota – é o texto *Śvetāśvataropaniṣad*, que, por ter caráter de devoção, costuma ser indicado como posterior aos demais, fazendo parte desse novo momento teológico, que é a religião devota. De fato, além de apresentar Shiva como o *Brahman* encarnado, enfatiza a possibilidade de a devoção a essa divindade ser um caminho de libertação (Sullivan, 1997), para se alcançar *moksha*. Em seu epílogo, o texto deixa claro o destaque dado à devoção: "aquele que tem grande devoção a Deus, tanto para seu deus quanto para seu guru – a ele que é consciente, estes ensinamentos serão esclarecedores" (Hume, 1921, p. 411, tradução nossa, *Śvetāśvataropaniṣad* 6.23).

2.6 A religião purânica

Entre os séculos IV e VI d.C., a devoção presente na religiosidade hindu acaba se transformando em uma verdadeira disputa entre os vários deuses. Tal mudança pode ser percebida nos *Purāṇas*: se os textos mais antigos equivalem e relacionam diferentes deuses, tais como Vishnu e Shiva, os textos posteriores, pelo contrário, "tendem a ter uma ênfase mais polêmica, exaltando uma divindade acima das demais como suprema" (Sullivan, 1997, p. 13, tradução nossa). Assim, a religião oriunda da leitura da religião hindu, com base nos *Purāṇas*, foi marcada pela disputa divina.

Soma-se a isso uma identificação profunda de cada pessoa com este ou aquele deus, cuja adoração era marcada não somente por uma escolha, mas por uma vida religiosa que passou a incorporar, inclusive, aspectos mágicos e, principalmente, o uso do próprio corpo como veículo para se alcançar a divindade (Solís, 1992). Tais aspectos vieram a marcar esse momento da religiosidade hindu pelos *tantras*, que são as tradições esotéricas que surgiram no contexto de devoção.

Nesse período, a ideia de que toda divindade é pura e simplesmente uma manifestação do uno divino, o *Brahman*, acabou dando lugar a uma compreensão – ou pelo menos um modo de apresentação – de que cada divindade é concorrente na condição de "deus supremo", devendo ser considerada como superior às demais.

A própria *Trimūrti* pode ser pensada como uma espécie de passo nesse processo de relação entre *Brahman* e os deuses que, de certo modo, acabou por dividir o uno e exaltar uma parte do todo. Isso resultou, aliás, na formação das quatro linhas principais do hinduísmo, que permanecem até hoje: o vaisnavismo, shaivismo (ou shivaísmo), o shaktismo e o smartismo. Cada uma dessas linhas tem seus próprios textos canônicos, não somente pela escolha de determinados *Purāṇas*, mas também pela formação de seus próprios *āgamas*, ou seja, seus cânones.

O **vaisnavismo**, também denominado *Vaishnava dharma*, é a linha que adora o deus Vishnu como *Svayam Bhagavān*, "o próprio senhor", ou seja, como o próprio deus supremo. Ele é o Criador, o Preservador e o Redentor. A veneração é dividida entre seus *daśāvatāra*, "dez avatares", entre os quais os mais adorados são Rāma e Krishna, mas pode incluir o próprio Buddha, Siddhārtha Gautama, considerado por muitos como a nona encarnação do deus Vishnu. Tal veneração, diferente dos demais grupos, dá pouca ênfase ao ascetismo, de modo que a religiosidade se concentra mais na veneração de um avatar em cada templo e no estudo das escrituras que falam de Vishnu. Atualmente, este é o maior segmento do hinduísmo, uma vez que cerca de 70% dos hindus são vaisnavas, o que explica a atual importância dos textos do *Rāmāyaṇa* e do *Mahābhārata*, que tratam respectivamente de Rāma e Krishna, ambos encarnações de Vishnu. Há, ainda, textos dos *Purāṇas* que falam sobre tais deuses.

O **shaivismo** é a linha que venera Shiva como deus supremo. Diferentemente do vaisnavismo, o shaivismo costuma apresentar o deus supremo como um ser aterrador, em sua *Bhairava*, "forma terrível" – o que explica o modo agressivo de autopurificação muitas vezes presente no shaivismo. Ao mesmo tempo, porém, Shiva é também *Naṭarāja*, "senhor da dança", indicando sua relação com a festividade, e representado de forma abstrata pelo *linga*, um símbolo fálico, indicando sua relação com a fertilidade e a reprodução. Para além de alguns *Purāṇas* e do *Śvetāśvataropaniṣad*, que apresenta Shiva como divindade suprema, também os *Vedas* e os textos *Brāhmaṇas* são bastante utilizados no shaivismo, visto que nessas obras Shiva aparece como o deus Rudra, uma divindade de cabeços trançados e cor escura, que usa o arco e flecha, se veste com peles de animais e habita as montanhas (Eliade, 2010). Rudra, para além de Shiva, "o gracioso", é também Hara, "o destruidor", encarnando um poder terrível que ao mesmo tempo é salutar e destruidor, inspirando terror (Eliade, 2010).

O **shaktismo** é a linha que venera Devi, "a deusa", como divindade suprema, podendo ter diversas formas e nomes, tais como Kali, Durga, Lakshmi e Saraswati. O termo *shaktismo* provém de *Śāktaḥ*, "doutrina do poder", na compreensão de que a realidade metafísica absoluta, o "poder" ou "energia", é uma realidade feminina, cuja apresentação e representação se revelam nas diversas divindades femininas, as quais são somente manifestações do mesmo poder. Seu texto principal é o *Devi Mahatmya*, que descreve *devi*, "a deusa", como poder supremo e energia criadora do Universo, mas já encontra fundamentação em alguns textos dos *Purāṇas* (Bianchini, 2014b). Diferentemente das demais linhas do hinduísmo, o shaktismo pode envolver sacrifícios animais na adoração da grande deusa.

O **smartismo** é a linha que adora todos os deuses como o mesmo. Diferentemente das demais linhas, evita a ideia de que haja um "deus supremo", entendendo que a divindade única, *Brahman*, pode ser identificada como *saguṇa Brahman*, ou seja, o "*Brahman* com qualidades, atributos", personificado em todo e qualquer deus. Ele também pode aparecer como *nirguna Brahman*, o "*Brahman* sem qualidades, sem atributos", também denominado *Para Brahman*. A ideia é que a realidade divina deve estar para além de qualquer compreensão ou conceitualização, que não deve ser relacionada com nenhum deus – que é uma representação do *Brahman* com atributos (*saguna Brahman*), mas não do *Para Brahman*, tal como ocorre nas demais linhas.

Em alguns casos, a fim de se enfatizar o fato de os deuses serem manifestações do *Brahman*, os *smartistas* não adoram somente uma, mas cinco divindades conjuntamente, numa veneração que se define como *Pañcāyatana pūjā*, "adoração das cinco formas". Esses cinco deuses são dispostos de modo que quatro deles formam uma espécie de quadrado, e o quinto deus é posicionado no centro. Enquanto os quatro deuses que formam o quadrado são definidos, sendo Shiva, Vishnu, Devi (ou Parvati, simbolizando a "deusa") e Surya, a quinta divindade é o *Iṣṭa-devatā* daquele que vai adorar, podendo ser Kartikeya, Ganesha ou ainda alguma outra divindade.

FIGURA 2.5 – *Pañcāyatana pūjā*

GANESHA Holds Court. [ca. 1800]. Aquarela: color.; 51,12 × 38,58 × 3,18 cm. The Walters Art Museum, Baltimore, Estados Unidos.

IMPORTANTE!

Podemos afirmar que a religião purânica, que estabelece os fundamentos da religiosidade vivida até hoje, centra-se "não mais no sacrifício ritual, nem na introspecção filosófica", tal como ocorre na religião védica, bramânica e upanishade, mas "na devoção e adoração a um deus pessoal com quem é possível ter uma relação direta" (Solís, 1992, p. 77, tradução nossa).

Possivelmente, tal estrutura religiosa se consolidou como resultado de uma necessidade humana de aproximação da divindade em relação à humanidade: mesmo crendo em uma divindade única, *Brahman*, as pessoas – não somente o povo simples, mas até mesmo os sacerdotes – sentiram falta de uma divindade que fosse próxima e reconhecível, a fim de personalizar o princípio divino. Assim, surgem diversos poetas, que passam a adorar seu deus por meio de cantos de amor apaixonado, de modo que a devoção popular acaba desenvolvendo literariamente as próprias línguas vernáculas (em textos não mais escritos em sânscrito). E aparecem também inúmeros filósofos e sábios, tais como Sankara, Ramanuja, Madhva, Nimbarka, Vallabha e Chaitang. Muitos desses pensadores fundam suas próprias ordens religiosas, organizando perspectivas teológicas e consolidando vertentes do hinduísmo presentes até hoje.

As diferentes linhas que se formam no interior do hinduísmo não terão adesão somente do povo, mas também dos sacerdotes, de modo que, além dos santuários domésticos, multiplicam-se também os templos a este ou àquele deus. Além disso, desenvolve-se, dentro de cada linha, uma especulação filosófica e teológica. Tal especulação culmina, inclusive, no desenvolvimento de vários sistemas metafísicos e perspectivas teológicas que se consolidam como diferentes *samprādaya*, "sistemas religiosos", no seio de cada vertente. Tais *samprādaya* têm as próprias compreensões a respeito da religião e da divindade, mas têm também os próprios *maṭhas*, "monastérios", e os próprios gurus, os quais transmitem seus conhecimentos dentro de uma *paramparā*, uma espécie de "linha dinástica", na transmissão de ensinamentos de mestre (guru) para discípulo.

É evidente que, desde o tempo em que se desenvolveu a religião purânica até hoje, muita coisa mudou. As linhas principais permanecem existindo, mas não se mantiveram inalteradas. Como afirma Flood (2003), enquanto algumas se esvaeceram, outras cresceram. Porém, todas as linhas se transformaram, buscando preservar suas tradições ao mesmo tempo que se adaptaram às novas situações históricas.

SÍNTESE

Ao longo deste capítulo, apresentamos o desenvolvimento histórico do hinduísmo, desde sua formação inicial, nos tempos védicos, até a constituição de suas principais linhas atuais, com a religião purânica. A religião védica, cujo início costuma ser indicado entre 1500 e 1000 a.C., conforme se pode ver nos próprios *Vedas*, foi marcada pela adoração de personificações de conceitos abstratos e, principalmente, aspectos da natureza, tais como o céu, personificado em Dyaus, e o fogo, personificado em Agni. Naquele contexto, as divindades principais eram Varuna, divindade celeste, tida como deus supremo, sendo o senhor da ordem do Universo, e Indra, deus guerreiro, cujo principal mito é a vitória sobre a serpente Vrtra.

Na religião bramânica, entre 1000 e 600 a.C., alguns aspectos da religião védica, tais como o sacrifício e o sacerdote, foram enfatizados e revalorizados, de modo que essa forma de religiosidade foi marcada por uma ênfase no rito sacrificial, exaltado à categoria de mecanismo de imortalização e forma de criação do próprio Universo. Assim, uma vez que os sacerdotes assumiram a responsabilidade do sacrifício, passaram a ter um imenso poder e autoridade que até então não tinham, centralizando a religião, que antes era principalmente doméstica.

Na religião upanishade, que se desenvolveu entre 600 e 200 a.C., surgiram reflexões de caráter teológico e filosófico que estabeleceram novas perspectivas interpretativas a respeito dos textos védicos e bramânicos. Nesse sentido, indicou-se a existência de um deus único, *Brahman*, e questionou-se a importância do sacrifício diante do verdadeiro problema, que é a prisão da alma humana, *ātman*, em um ciclo de morte e nova vida, denominado *saṃsāra*, em decorrência de suas ações, *karman*.

A religião devota, consolidada entre 200 a.C. e 400 d.C., ofereceu um novo caminho para a libertação, *moksha*, das consequências do *karman*: trouxe o "caminho da devoção", conhecido como *bhaktimarga*. Diferentemente das reflexões filosóficas heterodoxas, que culminaram no afastamento dos deuses e na criação de novas religiões, que hoje são o budismo e o jainismo, as reflexões ortodoxas buscaram revalorizar os deuses resgatando a importância de adorá-los e, até mesmo, indicando tal adoração como caminho espiritual para a libertação metafísica.

Por fim, a religião purânica, que surgiu entre os séculos IV e VI d.C. e que fundamentou a religiosidade atual do hinduísmo, consolidou-se com base na disputa entre as divindades, sendo resultante da revalorização da adoração e do culto aos deuses. Desse modo, formaram-se quatro linhas dentro do hinduísmo, diferenciadas pelas suas compreensões e, principalmente, pela sua forma de adoração da "divindade suprema". Se, para os vaisnavistas, o deus supremo é Vishnu, para os shaivistas, o deus supremo é Shiva, enquanto, para os shaktistas, a divindade suprema é a "grande deusa". Negando qualquer possibilidade de uma divindade expressar perfeitamente a divindade suprema, *Brahman*, surgiu também o smartismo, em que se adoram cinco divindades conjuntamente, a fim de afirmar que toda e qualquer divindade é uma representação "com atributos", personificada, de um ser supremo que na realidade não tem forma e não pode ser plenamente compreendido.

É claro que a divisão estabelecida neste capítulo não é a única forma de "catalogar" as etapas da história do hinduísmo. Podemos, por exemplo, denominar *bramanismo* a religiosidade não apenas dos textos bramânicos, mas também dos próprios *Upanishads*, percebendo certa unidade entre estes, como o faz Stella (1971). Também podemos denominar a religiosidade formada a partir das várias linhas, cada qual adorando um deus supremo, como *tântrica*, em vez de *purânica*, como o faz Benjamín Preciado Solís (1992), enfatizando o caráter esotérico dessas novas perspectivas religiosas.

Desse modo, mais importante do que as denominações é a compreensão do caminho pelo qual o hinduísmo se desenvolveu, indo de um culto de divindades ligadas à natureza ao atual sistema de adoração a uma divindade que, em si mesma, representa o ser divino como um todo, na condição de personificação do uno da realidade divina e do próprio Universo.

Atividades de autoavaliação

1. Qual é o nome do deus mais adorado no período védico, cujo mito principal é a vitória sobre a serpente Vrtra?
   A] Varuna.
   B] Indra.
   C] Agni.
   D] Soma.
   E] Shiva.

2. Que ritual foi reinterpretado na religião bramânica, ganhando um sentido social, e mesmo um novo sentido espiritual, e passando a ser considerado o modo pelo qual se alcança a imortalidade e se mantém a existência do Universo?
   A] O ato de beber o *soma*.

B] A celebração do casamento.
C] O sacrifício pelo fogo.
D] A leitura dos textos sagrados.
E] A circuncisão dos meninos.

3. Qual destas formas históricas da religiosidade hindu foi marcada pela interpretação filosófica dos textos anteriores, a fim de compreender a existência de uma divindade única e suprema, *Brahman*, que é identificada com a alma, *ātman*?
A] A religião védica.
B] A religião bramânica.
C] A religião upanishade.
D] A religião devota.
E] A religião purânica.

4. Qual é o nome da religião que surge a partir de uma dissidência com o hinduísmo, diferenciando-se deste principalmente por sua afirmação de *anātman* ("não alma") e negando a existência de uma alma individual e eterna no ser humano?
A] Budismo.
B] Jainismo.
C] Zoroastrismo.
D] Judaísmo.
E] Xintoísmo.

5. Uma das quatro linhas principais do hinduísmo atual afirma que a divindade suprema, *Brahman*, não pode ser plenamente compreendida com base somente em uma de suas representações, como um dos deuses. De acordo com essa visão, tal divindade suprema não tem forma nem pode ser plenamente compreendida pela mente humana. Qual é a denominação dessa linha?
A] Vaisnavismo.
B] Shaivismo.

c] Shaktismo.
d] Smartismo.
e] Jainismo.

Atividades de aprendizagem

Questões para reflexão

1. Faça um resumo de cada uma das cinco etapas históricas do hinduísmo apresentadas neste capítulo, destacando: a) período histórico; b) textos principais; c) divindades principais; d) conceitos principais; e) diferenças em relação aos demais períodos.

2. Pesquise na internet ou em outros livros e escreva a respeito de cada um dos seguintes deuses hindus trabalhados neste capítulo:
   a] Varuna.
   b] Indra.
   c] Agni.
   d] Prajāpati.
   e] Rāma.
   f] Krishna.

3. Pesquise na internet ou em outros livros e registre por escrito as pincipais características de cada uma das quatro linhas principais do hinduísmo:
   a] Vaisnavismo.
   b] Shaivismo.
   c] Shaktismo.
   d] Smartismo.

Atividade aplicada: prática

1. Elabore um plano de aula sobre a história do hinduísmo, no qual sejam apresentadas as várias etapas de seu desenvolvimento, tal como descritas neste capítulo, e as características principais de cada uma.

TEXTOS SAGRADOS DO HINDUÍSMO: O QUE É OUVIDO E O QUE É LEMBRADO

Conhecendo as etapas da história do hinduísmo, podemos entender que a leitura dos textos sagrados se faz não somente pertinente como também iluminadora. Afinal, tal leitura possibilita que o estudioso do hinduísmo perceba de modo mais claro cada fase do longo processo de evolução da religião hindu e, ainda, inversamente, o conhecimento desse processo faz com que a leitura tenha sentido e não seja superficial.

Se, no capítulo anterior, apresentamos tais textos apenas de forma breve – em menções e referências a fim de enfatizarmos as mudanças internas da religião –, neste capítulo, faremos uma apresentação própria de cada conjunto de textos, bem como citações mais longas. O intuito é que você, leitor, consiga se aproximar dessa literatura sagrada.

Mas, afinal, quais são os textos sagrados para o hinduísmo? Responderemos a essa questão ao longo deste capítulo.

3.1 Categorias dos textos sagrados do hinduísmo

Os textos sagrados do hinduísmo são inúmeros e estão divididos em uma série de coleções, as quais foram compiladas ou escritas em diferentes momentos da longa história dessa religião. Cada conjunto de textos, além de ter suas características próprias em termos literários e teológicos, também tem um valor diferente de sacralidade. Isso dependerá não somente do próprio escrito, mas também da percepção daquele que lê, uma vez que cada linha do hinduísmo tem seu *āgama*, ou seja, sua coleção de textos sagrados.

Em geral, os livros sagrados são identificados em duas categorias de textos: os *Śruti* e os *Smṛti*. ***Śruti*** estão relacionados "ao que é ouvido", que são as verdades eternas vistas e escutadas pelos *rishis*, os sábios, tendo valor principal. Os ***Smṛti*** relacionam-se "ao que é lembrado", sendo textos cuja autoridade é derivada do *Śruti*, com interpretações e comentários sobre ele.

IMPORTANTE!

Os *Smṛti* são o que os humanos pensaram em relação ao *Śruti* (O'Flaherty, 1988a), assim como derivações dessas interpretações, tais como leis, histórias ou mitos importantes a respeito dos deuses.

Os textos considerados *Śruti* mudam, de acordo com a posição teológica de cada hindu, mas todos, sem exceção, concordam que um conjunto de textos deve ser considerado dentro dessa categoria: os *Vedas*. Trata-se da base sobre a qual se deposita toda a religião hindu e que muitos afirmam como o único verdadeiro *Śruti*.

3.2 Os *Vedas*: as revelações

O termo *Veda*, cujo significado é "conhecimento" ou "sabedoria", costuma ser aplicado a quatro textos escritos em sânscrito. Juntos, eles são denominados *Vedas* ou *samhita*, "coleção", que é o conjunto de textos mais antigo da religião hindu. Considera-se que o *Veda* é "a palavra divina, formulada por Brahma, desde toda a eternidade" (Cintra, 1981, p. 27).

Os quatro *Vedas*, portanto, são palavras atemporais reveladas e "sussurradas" por Brahma aos *rishis*, "sábios", transmitidos pela comunidade mediante a tradição oral e, finalmente, compilados em textos escritos pelo sábio Vyāsa, "compilador" (Correa, 2012), também denominado Veda Vyāsa, "compilador do *Veda*". Vyāsa, portanto, não é considerado o autor dos quatro livros que formam o *Veda*, mas seu compilador, transformando as palavras transmitidas oralmente em textos escritos.

Mas quais são os quatro livros que formam o *Veda*? São eles: *Rig Veda, Sāma Veda, Yajur Veda* e *Atharva Veda*. Cada um deles será tratado individualmente a seguir.

O ***Rig Veda***, "conhecimento da adoração" ou "conhecimento dos hinos", é composto por 1.028 hinos (*sūktas*), distribuídos em 10 livros (*maṇḍalas*) diferentes (Bianchini, 2014a), os quais apresentam orações de louvor aos deuses e comentários aos atos litúrgicos, especialmente o sacrifício. Dos 1.028 hinos, 250 são dedicados ao deus Indra (Eliade, 2010), o que indica tratar-se da divindade mais importante em tal texto – especialmente quando o comparamos com outros deuses, como Varuna, a quem são endereçados 10 hinos.

Um dos hinos dedicados a Indra, o "bebedor de *soma*", parece ser, nas palavras de Bouquet (1948, p. 27), uma espécie de "música de bebedeira":

> Então, de fato, me decidi: "Vou dar vacas e cavalos (a meus adoradores), pois eu frequentemente bebi o *soma*.
>
> Como os ventos chacoalhando violentamente (as árvores), os goles (de *soma*) me encheram, pois eu frequentemente bebi o *soma*.
>
> Os goles (de *soma*) me encheram como cavalos velozes (conduzindo) uma carruagem, pois eu frequentemente bebi o *soma*.
>
> Os louvores (dos piedosos) me chegaram como uma vaca mugindo para seu amado terneiro, pois eu frequentemente bebi o *soma*.

> As cinco castas não iludiram o brilho dos meus olhos, pois eu frequentemente bebi o *soma*.
>
> Tanto a terra como o céu não (são) iguais à metade de mim, pois eu frequentemente bebi o *soma*.
>
> Eu supero o céu em grandeza, (eu supero) esta grande terra, pois eu frequentemente bebi o *soma*.
>
> Ah! Eu vou colocar esta terra (onde quiser), aqui ou lá, pois eu frequentemente bebi o *soma*.
>
> Eu vou guiar o ardente (Sol) aqui ou lá, pois eu frequentemente bebi o *soma*.
>
> Uma de minhas asas está no céu; a outra arrastei para baixo, pois eu frequentemente bebi o *soma*.
>
> Eu sou (o Sol), o maior dos maiores, erguido no firmamento, pois eu frequentemente bebi o *soma*.
>
> Recebendo a oferta me vou, na graça (dos adoradores), carregando a oferta aos deuses, pois eu frequentemente bebi o *soma*. (Wilson, 1888, p. 331-332, tradução nossa, *Rig Veda* 10.119)

Fica clara a distância da religião védica própria do *Rig Veda* em relação ao hinduísmo atual não somente pela adoração dos deuses védicos, os quais são em grande medida personificações das forças da natureza, mas também pela própria forma de adoração. No hino apresentado, percebemos que a adoração incluía a aproximação dos deuses por meio do *soma*, fosse ele ofertado, fosse ele ingerido.

Os rituais védicos envolviam dois elementos essenciais: o *soma*, um líquido alucinógeno que era ingerido pelos sacerdotes durante os sacrifícios, e o próprio fogo sagrado, presente em todos os sacrifícios (O'Flaherty, 1988a). Desse modo, é nítida a centralidade do sacrifício na religiosidade védica, cujas divindades Soma, encarnação do suco *soma*, e Agni, encarnação do fogo sacrificial, têm particular importância.

O *Rig Veda*, no entanto, vai muito além de textos a respeito do *soma* e de Indra, contendo outros textos que acabaram se tornando mais importantes ao longo da história da religião hindu. Certamente, um dos textos védicos mais relevantes é o famoso *puruṣasūkta*, o sacrifício de Puruṣa, "o homem". Trata-se de um texto que foi reinterpretado pela religiosidade bramânica com um sentido social, percebendo-se em seus versos a origem das classes sociais (*varna*). Ele também é reinterpretado em um sentido religioso, na supervalorização do sacrifício como origem de todas as coisas. A leitura do *puruṣasūkta*, que é o nonagésimo *sūkta* do décimo livro do *Rig Veda*, é essencial ao estudioso do hinduísmo, de modo que o citamos na sequência:

> Mil cabeças tem Purusha, mil olhos, mil pés.
>
> Por toda parte impregnando a terra ele enche um espaço com dez dedos de largura.
>
> Esse Purusha é tudo que até agora já foi e tudo que será,
>
> O senhor da imortalidade que se torna maior ainda pelo alimento.
>
> Tão poderosa é sua grandeza! Sim, maior do que isto é Purusha.
>
> Todas as criaturas são uma quarta parte dele, três quartas partes são a vida eterna no céu.
>
> Com três quartos Purusha subiu; um quarto dele novamente estava aqui.
>
> Daí saiu para todos os lados por sobre o que come e o que não come.
>
> Dele nasceu Viraj; e novamente de Viraj nasceu Purusha.
>
> Assim que nasceu, espalhou-se para oriente e ocidente sobre a terra.

Quando os deuses prepararam o Sacrifício com Purusha como sua oferenda,

Seu óleo foi a primavera; a dádiva santa foi o outono; o verão foi a madeira.

Eles embalsamaram como vítima sobre a grama o Purusha nascido no tempo mais antigo.

Com ele as divindades e todos os Sadhyas e Rishis fizeram sacrifício.

Desse grande Sacrifício geral a gordura que gotejava foi colhida.

Ele formou as criaturas do ar, os animais selvagens e domesticados.

Daquele grande Sacrifício geral Rics e hinos-Sama nasceram;

Daí foram produzidos encantamentos e sortilégios; os Yajus surgiram disso.

Dele nasceram os cavalos e todo o gado com duas fileiras de dentes;

Dele se reuniu o gado vacum, dele nasceram cabras e ovelhas.

Quando dividiram Purusha, quantos pedaços fizeram?

A que chamam sua boca, seus braços? A que chamam suas coxas e pés?

O Brâmane foi sua boca, de ambos os seus braços foi feito o Rajanya.

Suas coxas tornaram-se o vaixá, de seus pés o sudra foi produzido.

A Lua foi engendrada de sua mente, e de seu olho o Sol nasceu;

Indra e Agni nasceram de sua boca, e Vayu de seu alento.

De seu umbigo veio a atmosfera; o céu foi modelado de sua cabeça;

A terra de seus pés, e de suas orelhas as regiões. Assim eles formaram os mundos.

> Sete bastões de luta tinha ele, três vezes sete camadas de combustível foram preparadas,
>
> Quando os deuses, oferecendo o sacrifício, manietaram sua vítima, Purusha.
>
> Os deuses, sacrificando, sacrificaram a vítima; estes foram os primeiros sacramentos;
>
> Os poderosos chegaram às alturas do céu, lá onde os Sadhyas, deuses antigos, estão morando. (*Rig Veda* 10.90, citado por Renou, 1964, p. 45-47)

IMPORTANTE!

Entre os vários textos do *Rig Veda*, podemos afirmar que o *puruṣasūkta* está entre os mais importantes. E, entre os quatro *Vedas*, o mais importante é o *Rig Veda*, do qual os demais parecem derivar.

Mesmo que o *Rig Veda* seja um texto sagrado de grande valor, por ser o mais antigo dos textos sagrados do hinduísmo, não é muito conhecido e muito menos estudado por grande parte dos hindus, que muitas vezes se limitam àqueles textos que tiveram reinterpretações importantes, tais como o *puruṣasūkta*. Ou seja, paradoxalmente, o *Rig Veda* "é um texto muito respeitado mas pouco conhecido e menos ainda estudado e praticado" (Solís, 1992, p. 76, tradução nossa) em muitos contextos do hinduísmo.

Tal situação, contudo, não acontece em todos os grupos. Entre os brâmanes, por exemplo, há até mesmo escolas especializadas no conhecimento e recitação dos *Vedas*, que ensinam as crianças a fim de que cada palavra e mesmo seu som sejam preservados (Scharfe, 2002). Esse ensino da recitação dos *Vedas*, aliás, foi considerado, em 2003, como parte do patrimônio cultural imaterial da humanidade (Martins, 2011). Há, também, casas tradicionais em que as "famílias mantêm a memória dos textos védicos vivos" (Scharfe, 2002, p. 240, tradução nossa).

IMPORTANTE!

Em vez de *escrituras* ou *textos*, os Vedas são chamados pelos hindus de *Śruti*, que significa "o que é ouvido", não somente por serem as palavras que os sábios ouviram da parte dos deuses, mas também por ainda hoje se constituírem de um texto cuja transmissão se dá, principalmente, pelo que é ouvido, por meio da recitação feita de geração em geração (O'Flaherty, 1988a).

Após essa apresentação sobre o *Rig Veda*, certamente ficará mais fácil de entender os outros três livros que formam o *Veda*. O ***Sāma Veda***, "conhecimento da canção", é composto por apenas 1.875 versos, dos quais a maioria (1.800 versos) está presente também no *Rig Veda*, o que deixa claro tratar-se de uma seleção de certas partes daquele livro. Nesse caso, porém, há ênfase em como cantar os hinos selecionados, assim como na pronúncia correta do texto (Sullivan, 1997). Seu valor é considerável para os estudiosos da música por ter anotações musicais relativas às passagens citadas (Faddegon, 1963).

O ***Yajur Veda***, "conhecimento dos rituais", é composto por cerca de 1.875 versos divididos em 20 capítulos, os quais são em grande medida releituras do *Rig Veda*. Nele, enfatizam-se e explicam-se os rituais, especialmente os sacrifícios, mediante fórmulas litúrgicas e comentários a respeito dos deuses e dos objetos de culto, tendo sido escritos em prosa. Uma vez que o *Yajur Veda*, tal como o *Sāma Veda*, é uma seleção de textos do *Rig Veda*, derivando deste e enfatizando aspectos de liturgia nele presentes, ambos, conjuntamente (*Sāma Veda e Yajur Veda*), podem ser considerados *samhita* litúrgicos (Gonda, 1975).

Por fim, o ***Atharva Veda***, "conhecimento dos sacerdotes do fogo (*atharvāṇas*)", é um texto composto tanto por orações como por fórmulas mágicas, contendo 731 trechos. Diferencia-se dos demais *Vedas* por apresentar encantamentos destinados a curar enfermidades, lidar com possessões e, até mesmo, alcançar objetivos da vida diária, como o amor e a sorte nos jogos. Pode-se perceber isso em uma oração que deveria ser realizada para se ganhar em algum jogo. Observe:

> A Apsara, a vitoriosa e hábil no jogo, aquela Apsara que traz a vitória no jogo de dados, eu chamo aqui.
>
> A Apsara, hábil no jogo, que limpa e aumenta as apostas, aquela Apsara que leva os ganhos no jogo de dados, eu chamo aqui.
>
> Possa ela, que dança com os dados, quando tomar as apostas do jogo de dados, quando deseja ganhar para nós, conseguir a vantagem por sua mágica! Possa ela vir-nos cheia de abundância! Que eles não ganham essa riqueza nossa!
>
> As Apsaras que rejubilam nos dados, que levam o pesar e a ira – aquela Apsara alegre e exultante eu chamo aqui. (*Atharva Veda* 4.38, citado por Renou, 1964, p. 54)

Por textos como esse, o *Atharva Veda* é conhecido também como o "*Veda* das fórmulas mágicas", apresentando diversos encantamentos e fórmulas para situações variadas, como afastar a febre (*Atharva Veda* 5.22), despertar o amor de uma mulher (*Atharva Veda* 3.25) e deter o fluxo de sangue (*Atharva Veda* 1.17). Ao mesmo tempo, não deixa de apresentar hinos aos deuses, tais como a Varuna (*Atharva Veda* 4.16) ou à deusa da terra (*Atharva Veda* 12.1).

Os *Vedas*, portanto, mantêm certa relação entre si, especialmente quando se atenta ao *Rig Veda*, que se apresenta como o principal. Mesmo o *Atharva Veda*, com suas particularidades, não deixa de ter unidade dentro do conjunto. Sobre isso, a pergunta que podemos nos fazer é: De onde proveio tal divisão em quatro textos?

Segundo o *Mahābhārata*, a divisão dos *Vedas* se deu pelo próprio Vyāsa, enquanto os *Purāṇas* afirmam que tal divisão foi realizada por seus quatro discípulos (Sullivan, 1997), tendo cada um aprendido um dos *Vedas* – Paila (*Rig Veda*), Jaimini (*Sāma Veda*), Vaiśampāyana (*Yajur Veda*) e Sumantu (*Atharva Veda*).

3.3 Os *Brāhmaṇas*, os *Aranyakas* e os *Upanishads*: os comentários

Em um sentido mais abrangente, podemos designar como *Vedas* não somente os quatro textos védicos, mas também seus comentários (Ponraj, 2012), que muitas vezes são considerados como parte integrante do *Veda*. Eles são divididos em três tipos: os *Brāhmaṇas*, os *Aranyakas* e os *Upanishads*. Cada *caraṇa*, ou seja, cada escola de estudo dos textos védicos, tem seu próprio *śākhā*, "seu galho", "sua linha", ou seja, uma seleção de textos védicos que utiliza, assim como seus próprios textos interpretativos; dessa forma, escolhe os *Brāhmaṇas*, os *Aranyakas* e os *Upanishads* que devem ser utilizados.

Os ***Brāhmaṇas*** são as "interpretações dos brâmanes" e, em geral, trazem comentários dos *Vedas* que enfatizam a importância do sacrifício, tendo um caráter sacerdotal evidente. Cada *Brāhmaṇa* está vinculado a um dos quatro *Vedas*, de modo que existem um ou mais *Brāhmaṇas* que interpretam cada *Veda*, dependendo da linha seguida pelo devoto hindu. Trata-se das mais antigas interpretações dos textos védicos, as quais lhes dão uma aplicação ritualística e uma significação aprofundada (Witzel, 2003).

O sacrifício, para além de um ritual religioso, é elevado à categoria de fonte da imortalidade, tal como se pode perceber em um texto do *Śatapatha Brāhmaṇa*, o qual apresenta como os deuses alcançaram a imortalidade, por meio do sacrifício realizado da forma correta:

> O ano, sem qualquer dúvida, é o mesmo que a morte, pois o Pai Tempo é aquele que, por meio do dia e da noite, destrói a vida dos seres mortais, e então os mesmos morrem; portanto, o ano é o mesmo que a morte, e quem souber que este ano é a morte não tem sua vida destruída neste ano, pelo dia e pela noite, antes da velhice, atingindo toda a duração normal de vida.
>
> [...]
>
> Os deuses tinham medo deste Prajapati, o ano, a morte, o Terminador, receando que ele, pelo dia e pela noite, atingisse o final de suas vidas.
>
> Eles executaram estes ritos sacrificiais – o Agnihotra [a oblação diária para o deus Agni], os sacrifícios da Lua Nova e Lua Cheia, as oferendas das estações, o sacrifício de animais e o sacrifício-Soma; fazendo essas oferendas eles não conseguiram a imortalidade.
>
> Construíram também um altar de fogo, – dispondo inúmeras pedras e inúmeros tijolos, de *yajushmati* [recitando fórmulas mágicas] e *lokamprina* [enchendo o mundo], como alguns dispõem até hoje, dizendo: "Os deuses fizeram assim". Eles não conseguiram a imortalidade.
>
> Continuaram a louvar e trabalhar, se esforçando por conquistar a imortalidade. Prajapati disse-lhes então: "Vós não dispondes todas as minhas formas, mas fazeis-me ou grande demais, ou deixais-me defeituoso; por isso vós não vos tornais imortais".
>
> Eles disseram: "Dize-nos tu mesmo, então, de que modo podemos dispor todas as tuas formas".
>
> Ele respondeu: "Disponde trezentas e sessenta pedras de encerramento, trezentos e sessenta tijolos de *yajushmati* e trinta

> e seis, outrossim; e de tijolos de *lokamprina* disponde dez mil e oitocentos; e vós estareis disposto todas as minhas formas, e vos tornareis imortais". E os deuses dispuseram conforme dito, e daí em diante se tornaram imortais.
>
> A morte disse aos deuses: "Certamente com isso todos os homens se tornarão imortais, e que parte então será a minha?". Eles responderam: "Doravante ninguém será imortal com o corpo; somente quando tiveres tomado esse corpo como tua parte, aquele que se deverá tornar, seja pelo conhecimento ou pela obra sagrada, se tornará imortal depois de separar-se do corpo. Ora, quando eles disseram "seja pelo conhecimento ou pela obra sagrada", é o altar de fogo que constitui o conhecimento e esse altar é a obra sagrada.
>
> E aqueles que sabem isso, ou aqueles que fazem essa obra sagrada, voltam à vida novamente quando morreram e, voltando à vida, chegam à vida imortal. Mas os que não sabem isso, ou não executam essa obra sagrada, voltam à vida novamente quando morrem, e tornam-se o alimento da Morte repetidamente. (*Śatapatha Brāhmaṇa* 10.4.3, citado por Renou, 1964, p. 60-61)

Fica claro nesse texto que o sacrifício é não somente o mecanismo pelo qual os deuses alcançaram a imortalidade, mas também o meio pelo qual o próprio ser humano pode se tornar imortal. Tal imortalidade humana, porém, é restrita à sua realidade espiritual, de modo que seu corpo permanece perecível, separando-se de sua alma, que vai para a imortalidade.

Assim, a imortalidade é apresentada como *moksha*, a libertação dos ciclos de vida e morte, no qual, segundo o texto, aquele que não realiza ou não compreende o sacrifício está preso, não tendo sido liberto por não dispor do sacrifício "seja pelo conhecimento ou pela obra sagrada" (Renou, 1964, p. 61). Por tal relação entre sacrifício, imortalidade e libertação, o *Śatapatha Brāhmaṇa* é um texto essencial para a compreensão da importância teológica dos *Brāhmaṇas*.

Outro texto fundamental é o livro que contém as referências mais antigas ao *Brahman*, sendo que alguns estudiosos costumam até mesmo datar o *Śatapatha Brāhmaṇa* entre os textos próprios do período upanishade em virtude dessa alusão. No entanto, a grande importância do sacrifício dentro do *Śatapatha Brāhmaṇa* deixa clara a possibilidade de ele ser compreendido para além do que seria um texto do período upanishade. Ele traz em si um texto da religião bramânica que já contém a semente das ideias que viriam a ganhar força e projeção no período posterior, com o desenvolvimento apresentado nos textos *Upanishads*. Vejamos a forma como o *Śatapatha Brāhmaṇa* apresenta *Brahman*:

> Medite-se sôbre o "verdadeiro Brahman". Ora, o homem aqui, não resta dúvida, possui entendimento e de acordo com a medida de seu entendimento, quando parte deste mundo, ao morrer ele entra para o mundo além.
>
> Medite-se sobre o Eu, que é feito de inteligência e dotado de um corpo de espírito, com uma forma de luz, e de uma forma etérea, que muda à vontade, é ligeira como o pensamento, tem decisão verdadeira e objetivo verdadeiro, consiste de todos os odores e paladares doces, controla todas as regiões e permeia todo este universo, que não fala e é indiferente; – pequeno como um grão de arroz, ou um grão de cevada, ou um grão de painço, ou o menor de todos os grãos de painço, é este Purusha dourado em seu coração; como uma luz sem fumaça, é maior do que o céu, do que o éter, do que a terra, maior do que todas as coisas existentes; – esse eu do espírito é o meu eu; ao sair daqui (morrendo) eu obterei esse eu. Na verdade, quem tiver essa confiança não terá incerteza.
>
> Assim falou Shandilya, e assim é. (*Śatapatha Brāhmaṇa* 10.6.3.1-2, citado por Renou, 1964, p. 61-62)

Notamos que, assim como a referência a Shandilya, um famoso mestre do hinduísmo, parece existir uma forma de afirmação dessa concepção tão inovadora sobre *Brahman*. Além disso, a relação deste com Puruṣa favorece o desenvolvimento dessa ideia ainda incipiente. Isso não somente cria um vínculo com a tradição védica e com um mito de particular importância no período bramânico, como também fornece o caminho para a interiorização da religião que ocorrerá nas religiosidades subsequentes. Afinal, Puruṣa é tanto a divindade da qual provém o cosmos como o próprio ser humano. Assim, identificando *Brahman* a Puruṣa, o texto mostra que a divindade está, "como um grão de arroz, ou um grão de cevada, ou um grão de painço", dentro do próprio ser humano, identificando-se com seu próprio "eu".

Os ***Aranyakas***, textos "da floresta", "selvagens", não são, como poderia parecer, textos próprios dos ascetas, que costumavam retirar-se para as florestas – a fim de viverem à margem da sociedade –, e sim textos sacerdotais, que tratam dos "rituais mais secretos e perigosos" (Witzel, 2003, p. 82, tradução nossa). Por conta disso, deveriam ser lidos em lugares retirados, de onde "não se podem ver os telhados das habitações".

PRESTE ATENÇÃO!

Os *Aranyakas* carregam consigo a ideia de que os *Vedas* seriam mais bem compreendidos em reclusão, sendo estudados por indivíduos na solidão das florestas (Rosen, 2006), a fim de buscarem o significado mais profundo dos textos e, em especial, do rito sacrificial.

Estando entre os textos *Brāhmaṇas* e os *Upanishads*, tanto no que diz respeito ao momento de composição como em relação a seus interesses (Sullivan, 1997), os *Aranyakas* podem ser considerados textos "intermediários" entre a religião bramânica e a religião upanishade. Desse modo, o recolhimento sacerdotal na floresta pode ter sido, em certa medida, catalisador para o desenvolvimento da prática posterior, no período upanishade, de muitos abandonarem a vida em sociedade, retirando-se para a floresta, a fim de se dedicarem à meditação (Eliade, 2010). Além disso, entre a ênfase no sacrifício (*Brāhmaṇas*) e a ênfase na interiorização (*Upanishads*), os *Aranyakas* realizam uma verdadeira "interiorização do sacrifício", dando ênfase "ao Eu, sujeito do sacrifício, e não mais à realidade concreta dos ritos" (Eliade, 2010, p. 224).

Os ***Upanishads***, expressão quepode ser traduzida como "sentar aos pés", são comentários de caráter filosófico, que interiorizam e aprofundam o significado dos textos e dos ritos védicos. Com o tempo, o termo *Upanishads* adquiriu o sentido de "ensinamentos secretos", proveniente da ação de "sentar perto de alguém" ou "sentar aos pés de alguém", em referência ao discípulo que senta aos pés de seu guru, a fim de ouvir seus ensinamentos (Torwesten, 1991). Seriam, portanto, ensinamentos secretos a respeito dos *Vedas*, como comentários sobre o sentido mais profundo destes, abordando principalmente o *Sāma Veda*, uma vez que, de um total de cerca de 1.180 livros, aproximadamente 1.000 são dedicados a esse texto (Tinoco, 1996, p. 86).

Quadro 3.1 – *Upanishads* e *Vedas* correspondentes

Ramo do Veda	Nº de Upanishads
Rig-Veda	21
Yajur-Veda	102
Sama-Veda	1.000
Atharva-Veda	50
Total de Upanishads	1.180

Fonte: Tinoco, 1996, p. 86.

Por tal caráter secreto, os *Upanishads* também são chamados de *rahasya*, "segredo", uma vez que, de acordo com Witzel (2003), são entendidos como decorrentes daquilo que era ensinado pelos mestres aos seus discípulos em segredo. Mesmo assim, em alguns casos, incentiva-se que certos *Upanishads* sejam transmitidos e recitados em praças públicas, para que todos possam aprendê-los (Tinoco, 1996).

Conforme apresentado no capítulo anterior, a religião upanishade foi marcada por uma percepção de todos os deuses a partir de *Brahman*, a divindade suprema e única, cuja compreensão é desenvolvida e aprofundada. Assim, os deuses são de certo modo "apagados" pela interiorização filosófica desse contexto, no qual o próprio *Brahman* é identificado com *ātman*, a alma humana, de modo que a busca pelo divino deve ocorrer dentro do próprio ser humano:

> Na verdade, todo este mundo é *Brahman*. Tranquilo, adoremo-Lo como sendo aquilo de que viemos, aquilo em que nos dissolveremos, aquilo em que respiramos.
>
> Ora, na verdade uma pessoa consiste em propósito. De acordo com o propósito que uma pessoa tenha no mundo, assim se torna ao partir dele. Por isso, que forme para si própria um propósito.
>
> Aquele que consiste em mente, cujo corpo é vida, cuja forma é luz, cuja concepção é a verdade, cuja alma é o espaço, contendo todas as obras, todos os desejos, todos os odores, todos os gostos, englobando todo este mundo, o mudo, o indiferente – esta Alma que tenho dentro do coração é menor do que um grão de arroz, ou de cevada, ou de mostarda, ou de painço, ou o germe de um grão de painço; esta Alma que tenho dentro do coração é maior do que a terra, do que a atmosfera, do que o céu, do que estes mundos.
>
> Contendo todas as obras, todos os desejos, todos os odores, todos os gostos, englobando todo este mundo, o mudo, o indiferente – esta é a Alma que tenho dentro do coração, isto é *Brahman*. Nele entrarei, ao partir daqui.

> Se alguém acreditar nisso, não terá mais dúvida – Assim costumava falar Shandilya – sim, Shandilya! (*Chandogya Upanishad* 3.14, citado por Renou, 1964, p. 71-72)

Tal texto pode e deve ser comparado ao texto citado do *Śatapatha Brāhmaṇa*, assemelhando-se àquele não só na referência a Shandilya, mas também na forma como apresenta *Brahman*: como algo que é, ao mesmo tempo, tão pequeno quanto um grão de arroz, cevada ou painço e tão grande que chega a ser maior que a Terra e o céu. Esse duplo aspecto de *Brahman*, necessário à sua relação com a alma do homem e a alma do Universo, portanto, busca utilizar a linguagem presente em um texto bramânico a fim de afirmar sua validade dentro de uma tradição já existente, mesmo que venha a propor sua transformação mediante sua interiorização.

Juntamente à interiorização, há uma certa desvalorização dos deuses, conforme mencionado, uma vez que passam a ser considerados, de forma reduzida, manifestações de *Brahman*. Tal princípio divino, portanto, acaba culminando em uma transformação religiosa na qual as antigas divindades perdem sua importância e sua influência dentro da vida religiosa. Porém, tal processo não ocorre de forma automática, como se pode perceber em um texto dos *Upanishads*. Nele, apresentam-se tanto os deuses védicos quanto *Brahman*, explicando-se, aliás, que o poder de alguns deuses é decorrente de terem conhecido a *Brahman* antes dos demais. Leia:

> Ora, Brahman conquistou uma vitória para os deuses. Ora, na vitória deste Brahman, os deuses exultaram e pensaram consigo próprios: "Na verdade esta é a nossa vitória! Na verdade esta é nossa grandeza!".
>
> Ora, Brahman compreendeu isto deles e lhes apareceu. Eles não o compreenderam. "Que ser maravilhoso é este?", perguntaram.

Disseram ao fogo: "Possuidor-de-tudo, descobre isso – o que é esse ser maravilhoso".

"Assim seja".

Ele correu para ele.

Ao Fogo, ele perguntou: "Quem és tu?"

"Na verdade, sou o fogo. Na verdade sou o Possuidor-de-tudo".

"Sendo como és, que poder há em ti?"

"Sem dúvida posso queimar tudo o que houver na terra!"

Ele pôs uma palha diante do Fogo. "Queima isso!"

O Fogo atirou-se à palha com toda a velocidade, e não conseguiu queimá-la. Com isto, ele regressou dizendo: "Não pude descobrir o que é – o que é este ser maravilhoso!"

Então eles disseram ao Vento: "Vento, descobre isto – o que é esse ser maravilhoso!"

"Assim seja".

O Vento correu para Ele.

Ao vento, ele perguntou: "Quem és tu?"

"Na verdade sou o Vento. Na verdade sou Matarishvan".

"Sendo como és, que poder há em ti?"

"Sem dúvida posso carregar tudo o que houver na terra".

Ele pôs uma palha diante do vento. "Carrega isto!"

O vento atirou-se à palha com toda a velocidade, e não conseguiu movê-la.

Com isto, ele regressou dizendo: "Não pude descobrir o que é – o que é este ser maravilhoso!"

Então eles disseram a Indra: "Ó Liberal, descobre isto – o que é esse ser maravilhoso!"

"Assim seja".

Indra correu para Ele.

Ele desapareceu para Indra.

Naquele mesmo espaço, Indra chegou a uma mulher inexcedivelmente bela, Umã, filha da montanha nevada.

Indra lhe perguntou: "O que é este ser maravilhoso?"

"É Brahman", ela respondeu.

"Naquela vitória de Brahman, na verdade te exultas".

Com isto, ele sabia que fora Brahman.

Por isso, na verdade, estes deuses, quais sejam o fogo, vento e Indra, estão acima dos demais deuses, pois foram os que O tocaram mais de perto. Pois eles, e especialmente Indra, souberam primeiro que Ele era Brahman.

Por isso, na verdade, Indra se acha acima dos demais deuses, pois O tocara de mais de perto, pois soube primeiro que Ele era Brahman.

Dele existe este ensinamento – que no relâmpago que brilha, faz piscar e dizer "Ah" – esse "Ah" se refere à divindade.

Agora, com relação a nós próprios – aquilo que vem, por assim dizer, à mente, pela qual repetidamente nós lembramos – esta concepção é Brahman! (*Kena Upanishad* 3.1-12; 4.1-5, citado por Renou, 1964, p. 73-75)

É por terem conhecido primeiramente a *Brahman* que Agni (fogo), Vayú (vento) e, principalmente, Indra "estão acima dos demais deuses, pois foram os que O tocaram mais de perto, pois eles e especialmente Indra souberam primeiro que Ele era *Brahman*", conforme indicado no próprio texto. Percebemos, assim, que se eleva o deus único, *Brahman*, não tanto negando os deuses anteriores, do panteão védico, mas indicando que o poder daqueles na verdade proveio dele, que é origem de todas as coisas.

Assim, a transformação religiosa não ocorre de forma abrupta, negando-se as concepções anteriores, mas de forma suave e processual, ressignificando-se os deuses e os próprios textos védicos. É por isso que os *Upanishads* são chamados de *Vedānta*, ou seja, "o fim dos *Vedas*", o que indica, como já mencionado, tratar-se de uma interpretação religiosa que faz parte da religião védica, ao mesmo tempo que lhe faz uma leitura mais profunda.

3.4 Os *Dharmaśāstras*: as leis

Apesar de terem relações com os *Vedas*, os *Upanishads* também devem ser entendidos como uma mudança radical na compreensão de inúmeras questões teológicas. Eles diferem das interpretações védicas anteriores não somente pela interiorização, mas também pelo desenvolvimento de conceitos que, se antes eram secundários, passam a ser primários na compreensão teológica do hinduísmo. Um exemplo disso é o termo *dharma*, que, apesar de não ser um termo central no vocabulário teológico védico, veio a ser essencial no período upanishade, principalmente no sentido de diferenciar a religião hindu (ou bramânica) das seitas budista e jainista. Tal valorização e redefinição do termo foi um dos principais fatores – mesmo que não seja o único – para o surgimento de uma nova literatura, que ficou conhecida como *Dharmaśāstra* (Olivelle, 2018c).

O gênero *Dharmaśāstra* é a literatura escrita em sânscrito que apresenta tratados (*Śāstra*) a respeito do *dharma*. Faz parte de uma linha de literatura mais abrangente (Rocher, 2003), que aborda, por meio de tratados (*Śāstra*), e temas variados, tais como rituais principais da religião hindu (*śrautasūtras*) ou ainda rituais domésticos (*gṛhyasūtras*). Nesse contexto, o *dharma* adquiriu um novo significado, abrangendo, conforme Correa (2012, p. 54, tradução nossa), "religião, dever, lei, justiça, direito, entre outros".

Podemos dividir a literatura *Dharmaśāstra* em dois grupos de textos: os *Dharmasūtras* e os *Dharmaśāstras* propriamente ditos. Os primeiros são coleções de aforismas (*sūtras*), preservados em manuscritos, tais como: o ***Āpastamba Dharmasūtra***, atribuído a Apastamba, fundador de uma *śākhā* sobre o *Yajur Veda*; o ***Gautama Dharmasūtra***, atribuído à família Gautama, responsável pela fundação de vários *śākhā* do *Sāma Veda*; os ***Baudhayana sūtras***, escritos em conjunto com outros *sūtras* de vários assuntos, a exemplo da matemática; e os **sūtras de Vasiṣṭha**, considerado um dos *saptarṣi*, ou seja, um dos sete maiores sábios (*rishis*) da Índia.

Tais textos, apesar de serem aforismas dispersos, são considerados por alguns grupos do hinduísmo como *Śruti*, "o que é ouvido", ou seja, como palavras reveladas e transmitidas aos homens pelos antigos sábios (*rishis*).

Quanto aos *Dharmaśāstras*, de acordo com Rocher (2003), eles são considerados somente *Smṛti* ("o que é lembrado"), apesar de terem grande importância na vida prática dos hindus. Tais textos são *Mānava-Dharmaśāstra*, *Yājñavalkya Smṛti*, *Nāradasmṛti* e *Viṣṇu Smṛti*. A seguir, apresentamos as características de cada um deles.

O ***Mānava-Dharmaśāstra***, o "*Dharmaśāstra* de Manu", é também conhecido como *Manusmṛti*, "o que é lembrado [*smṛti*] por Manu", ou ainda *Leis de Manu*. É o texto do qual os demais *Dharmaśāstras* em grande medida derivam, no que diz respeito tanto ao estilo literário quanto ao conteúdo (Olivelle, 2018c). Esse texto, possivelmente compilado entre os séculos II a.C. e II d.C., apresenta regras relativas ao *dharma*, sendo compreendido, de acordo com Renou (1964, p. 87), como "regras especificamente religiosas ou instituições, costumes e preceitos éticos que dominam a existência do indivíduo", lidando não apenas com aquilo que diz respeito ao "indivíduo estabelecido no mundo", mas também com aquilo que se refere ao "indivíduo isolado do mundo (asceta)".

Manu, considerado o primeiro entre todos os homens, é o progenitor mítico da humanidade, de modo que o termo em sânscrito para *humano*, *mānava*, tem o sentido de "de Manu", ou seja, traz a ideia dos seres humanos como "filhos de Manu". Segundo o próprio texto, o *dharma* ensinado por Manu lhe foi passado pelo seu pai, o próprio ser autoexistente e criador do Universo (*Mānava-Dharmaśāstra* 1.58), de modo que a ordem social é fundamentada na ordem cósmica. Um exemplo disso é a aplicação social do *puruṣasūkta* como fundamento para a afirmação de superioridade dos brâmanes sobre as demais classes sociais:

> Por ter vindo da parte mais alta do corpo, por ser o primogênito, e por ser o detentor do *Veda*, o brâmane é, de acordo com o *dharma*, o senhor de toda a criação. [...] Somente o nascimento de um brâmane já representa a eternidade física do *dharma*; pois, nascido do *dharma*, alguém é apto a ser brâmane. Pois, quando um brâmane nasce, um nascimento preeminente tem lugar na Terra – um soberano de todas as criaturas, que guarda o depósito do *dharma*. Todo este mundo – seja o que houver no mundo – é propriedade do brâmane. Por conta de sua eminência e nascimento, o brâmane tem um claro direito sobre este mundo todo. O brâmane come somente o que lhe pertence, veste o que lhe pertence, e concede o que lhe pertence; [mas] é pela bondade do brâmane que as outras pessoas comem. (*Mānava-Dharmaśāstra* 1.93; 98-1.101, citado por Olivelle, 2018c, p. 25, tradução nossa)

Apesar de serem regras, portanto, o *dharma* é apresentado por Manu sob uma perspectiva cosmogônica e religiosa, fundamentando-se no princípio de que "aqueles que apoiam o *dharma*, tal como é apresentado na *smṛti* [tradição sagrada] e na *śruti* [revelação], recebem felicidade neste mundo e adquirem felicidade após a morte" (*Mānava-Dharmaśāstra* 2.9, citado por Patyal, 1994-1995, p. 159-160, tradução nossa).

Preste atenção!

De acordo com o que é apresentado por Manu, cabe a cada pessoa tomar não somente os textos védicos, mas também os demais, como fonte de preceitos práticos e regras, os quais devem ser aplicados em sua vida a fim de que a religião seja a fonte da legislação e da vivência cotidiana.

O ***Yājñavalkya Smṛti***, "o que é lembrado por Yājñavalkya", é um texto provavelmente do século IV ou V d.C. Por suas qualidades literárias e jurídicas, é considerado por Robert Lingat (1973) como o *Dharmaśāstra* mais "homogêneo", apesar de ter elementos claramente emprestados de diversas fontes. Yājñavalkya, tal como Manu, é um personagem mítico, sendo indicado como um dos mais importantes sábios do período védico (Lingat, 1973). Tal texto, além de ter sido longamente comentado, serviu de base tanto para a legislação indiana sob domínio britânico como para a legislação da Índia independente (Rocher, 2003).

O ***Nāradasmṛti***, "o que é lembrado por Nārada", conforme Olivelle (2018c), provavelmente escrito por volta dos séculos V ou VI d.C., é um tratado estritamente jurídico, valendo-se dos textos de Manu, mas tendo como foco aquilo que ainda hoje é considerado como próprio da jurisprudência, a ponto de Lingat (1973) afirmar que, excetuando-se os textos da legislação romana, não há nada tão estritamente legal que tenha sido legado da Antiguidade aos dias de hoje como o *Nāradasmṛti.*

O ***Viṣṇu Smṛti***, "o que é lembrado por Vishnu", é um texto legislativo composto por volta dos séculos VI e VIII d.C. (Olivelle, 2018c). Tem esse nome em virtude do valor dado ao deus Vishnu, de modo que, no texto, é requerida a adoração (*puja*) diária a tal divindade. O texto também é conhecido por ser uma das fundamentações da prática *sati*, ou seja, da cremação da viúva viva junto ao seu marido, quando este morre. Porém, apesar de tal prática ser citada no *Viṣṇu Smṛti* (25.14), o livro não dá destaque a essa prática, apontada como possibilidade, mas não como necessidade na morte de alguém, mesmo quando trata mais pormenorizadamente da questão da morte:

> Mesmo que morresse com ele, um familiar não consegue acompanhar seu parente falecido e todos, com exceção de sua esposa, estão proibidos de acompanhá-lo na trilha de Yama [o deus da morte].
>
> Apenas a virtude o acompanhará, onde for; portanto, cumpre teu dever sem hesitar neste mundo desgraçado.
>
> As questões de amanhã devem ser tratadas hoje, e as da tarde na manhã, pois a morte não esperará, tenha uma pessoa tratado delas ou não.
>
> [...]
>
> Nem drogas, nem fórmulas mágicas, nem oferendas queimadas, nem orações, poderão salvar quem está nos laços da morte ou na velhice.
>
> [...]
>
> Assim como o corpo dos mortais atravessa as vicissitudes da infância, juventude e idade adiantada, também será transformado em outro corpo dali em diante; um homem sensato não se engana a esse respeito.
>
> Assim como um homem veste roupas novas neste mundo, deixando de lado aquelas antes usadas, também o eu do homem põe novos corpos, que se acham de acordo com seus atos numa vida anterior.

> Arma alguma ferirá o eu do homem, nenhum fogo o queimará, nenhuma água o molhará e nenhum vento o secará.
>
> Ele não será ferido, queimado, molhado ou secado; é imperecível, perpétuo, imutável, imóvel, sem início.
>
> Diz-se também ser imaterial, passando todo o pensamento, e imutável. Sabendo que o eu do homem é assim, não deves lamentar a destruição de seu corpo. (*Viṣṇu Smṛti* 20.39-53, citado por Renou, 1964, p. 96-97)

Desse modo, fica claro que, uma vez que a religião é compreendida em conjunto com a realidade jurídica dentro da cultura hindu, não há como evitar a influência de concepções religiosas nas diversas permissões e proibições da lei presente na Índia. Isso vale tanto para o passado – como no caso da prática *sati* – como para o presente, de modo que se torna evidente a importância do termo *dharma*, que é, conforme Davis Jr. (2018, p. 2, tradução nossa), possivelmente "o conceito religioso chave na história da religião no sul da Ásia".

3.5 Os *Itihāsas*: as histórias épicas

Se os *Dharmaśāstras* e, em especial, as *Leis de Manu* estão relacionados com a classe dos brâmanes, os épicos parecem estar, em contrapartida, vinculados à classe dos xátrias, a classe guerreira da Índia Antiga. Assim, em vez do sacrifício de fogo, enfatizado nos textos anteriores, os textos épicos enfatizam o "sacrifício da batalha", pela guerra, de modo que a cultura dos brâmanes fica em segundo plano diante do mundo marcial e guerreiro dos xátrias (Rosen, 2006).

De fato, a própria origem de composição dos textos pode ser o ambiente de corte de soberanos xátrias, no qual teria surgido uma tradição de bardos que deram origem a histórias a respeito das guerras (Brockington, 2003). Se assim for, não será à toa o claro enaltecimento dos reis em tais relatos, que elevam os soberanos a uma categoria divina (Pollock, 1984). Mas que textos épicos são esses?

Com toda a certeza, os dois principais textos épicos do hinduísmo são o *Rāmāyaṇa* e o *Mahābhārata*, escritos em sânscrito e traduzidos para inúmeras línguas vernáculas, tais como o hindi, o tâmil e o bengalês (O'Flaherty, 1988), a fim de serem popularizados e divulgados. Ambos tratam de encarnações (*avatāras*) do deus Vishnu e são fundamentais para o vaisnavismo e, portanto, para a maioria dos hindus.

O ***Rāmāyaṇa***, "jornada de Rāma", é um poema épico normalmente atribuído a Vālmīki, um sábio hindu, que contém cerca de 24.000 versos, divididos em 7 cantos (*kāṇḍas*), que conta a história de como Rāma, príncipe de Ayodhya e encarnação de Vishnu, derrota o rei dos demônios Rāvaṇa, que havia sequestrado sua esposa, Sītā. Rāma, cujo reinado é questionado por intrigas, somente reconquista o poder depois de derrotar Rāvaṇa com a ajuda de um exército formado por criaturas da floresta e o deus-macaco Hanumān.

O relato, para além de tratar dos deuses, carrega consigo valores morais e éticos, servindo como mecanismo de ensino, principalmente com a apresentação de Rāma como o xátria e príncipe ideal (Brockington, 2003). Assim, tanto Rāma como sua esposa, Sītā, "representam os ideais do comportamento moral e social para o indivíduo, a família e a nação" (Ponraj, 2012, p. 30), ou seja, para a sociedade como um todo.

Por tal aspecto moral, o *Rāmāyaṇa* é considerado uma narrativa cujo valor social deve ser enfatizado e até mesmo vivido, o que faz com que sua encenação, a *Rāmlīlā*, tenha um grande valor cultural e político. Essa encenação normalmente é realizada durante o Festival e *Dussehra*, entre setembro e outubro.

Preste atenção!

Quando o canal de televisão do governo indiano, Doordashan, decidiu produzir séries televisivas que tivessem valor cultural, o *Rāmāyaṇa* foi escolhido por primeiro, tendo grande popularidade naquele contexto da década de 1980 (Sullivan, 1997).

O ***Mahābhārata*** é um poema épico atribuído a Vyāsa – o mesmo compilador dos *Vedas*, o que explica, em parte, o fato de ser chamado de "quinto *Veda*" –, com aproximadamente 100.000 versos, sendo o maior poema do mundo, ultrapassando não somente a *Odisseia*, com 12.110 versos, e a *Ilíada*, com 15.693 versos, mas também o *Rāmāyaṇa*, que contém 24.000 versos.

O poema trata da história das guerras dos descendentes de Bhārata, um rei da antiga Índia, cujo nome passou a designar seus descendentes e, inclusive, a própria terra da Índia. Assim, o nome do poema, *Mahābhārata*, sendo a junção do termo *mahā*, "grande", e Bhārata, indica tratar-se da "grande" história a respeito dos "Bhārata", ou seja, os descendentes do antigo rei indiano (Rosen, 2006).

O enorme texto, entretanto, não se limita aos relatos a respeito dos reis descendentes de Bhārata, uma vez que aborda inúmeras questões, versando, de acordo com Rosen (2006), sobre praticamente tudo, a ponto de se afirmar, no próprio texto, que, conforme Frias (2003, p. 179), "o que não puder ser encontrado aqui não existe em lado nenhum". Mesmo assim, seu enredo central é a disputa entre os Pandavas e os Kauravas, duas dinastias familiares que acabam entrando em confronto. Porém, o texto não destaca somente a guerra, mas também Krishna, encarnação de Vishnu, que aparece no relato e, em meio ao confronto, dá preciosas lições, especialmente nas palavras que o deus dirige a Arjuna, príncipe dos Pandavas.

Diferentemente do que se pode pensar a partir da percepção da evolução da religião hindu, os épicos não devem ser considerados em contraste com os *Vedas*. Eles não são uma proposta de anulação ou substituição dos textos védicos. Pelo contrário, para os hindus, os textos épicos "expõem os princípios dos Vedas por meio da interpretação das façanhas de grandes heróis nacionais" (Ponraj, 2012, p. 30). Tal relação pode ser percebida, até mesmo, nas próprias palavras de Krishna no *Bhagavad Gītā*, "o canto do bem-aventurado", que é o nome dado a uma parte do *Mahābhārata*, considerada a mais importante por destacar Krishna como deus universal:

> O Bem-aventurado Senhor disse: Existe uma figueira-de-bengala [banyan] que tem suas raízes para cima e seus galhos para baixo e cujas folhas são os hinos védicos. A pessoa que conhece esta árvore é o conhecedor dos Vedas.
>
> Os galhos desta árvore se estendem para baixo e para cima, nutridos pelos três modos da natureza material. Os brotos são os objetos dos sentidos. Esta árvore também tem raízes que vão para baixo e estão vinculadas às ações fruitivas da sociedade humana.
>
> Não se pode perceber a forma verdadeira desta árvore neste mundo. Ninguém pode compreender onde ela termina, onde ela começa ou onde sua fundação está. Mas com determinação deve-se derrubar esta árvore com a arma do desapego. Fazendo isso, a pessoa deve buscar este lugar do qual, tendo ido uma vez, nunca se retorna, e ali render-se a esta Suprema Personalidade de Deus a partir de quem tudo começa e em quem tudo permanece desde tempos imemoriais.
>
> A pessoa que está livre da ilusão, do falso prestígio e da associação falsa, que compreende o eterno, que acabou com a luxúria material e está livre da dualidade de felicidade e sofrimento, e que sabe como se render à Pessoa Suprema, alcança este reino eterno.
>
> [...]

> Eu estou situado no coração de todo mundo, e de Mim vêm a memória, o conhecimento e o esquecimento. Através de todos os Vedas, Eu sou o que há de ser conhecido; na verdade, Eu sou o compilador do Vedānta, e Eu sou o conhecedor dos Vedas como eles são.
>
> Há duas classes de seres, o falível e o infalível. No mundo material toda entidade é falível, e no mundo espiritual toda entidade se chama infalível.
>
> Além destas duas, existe a personalidade viva maior, o próprio Senhor, que entrou nestes mundos e os mantém.
>
> Porque Eu sou transcendental, e encontro-Me além tanto do falível como do infalível, e porque Eu sou o maior, Eu sou celebrado tanto no mundo como nos Vedas como essa Pessoa Suprema.
>
> Deve-se compreender que qualquer pessoa que sem duvidar Me conheça como a Suprema Personalidade de Deus, é o conhecedor de tudo, e portanto tal pessoa Me adora em serviço devocional completo, ó filho de Bharata.
>
> Ó impecável, esta é a parte mais confidencial das escrituras védicas, e agora Eu a revelo. Qualquer pessoa que compreenda isto tornar-se-á um sábio, e seus esforços conhecerão a perfeição. (*Bhagavad Gītā* 15.1-5; 15-20, citado por Prabhupāda, 1985, p. 371-374, 382-386)

Assim, utilizando-se uma analogia com a árvore *banyan*, a figueira-de-bengala, que, segundo Krishna, deve ser derrubada, fica proposto o que parece ser uma espécie de "desconstrução" dos textos védicos, em busca de seu sentido mais profundo, que é ele mesmo. Desse modo, o *Bhagavad Gītā* não contraria nem confronta os textos védicos, mas indica a necessidade de serem percebidos considerando-se essa nova revelação, feita pelo próprio Krishna, que apresenta "a parte mais confidencial das escrituras védicas"

(*Bhagavad Gītā* 15.20, citado por Prabhupāda, 1985, p. 386), que é ele mesmo.

É por essa razão que muitos cristãos, a fim de compreenderem a importância do *Bhagavad Gītā* no hinduísmo, o comparam aos evangelhos, ou ainda, conforma Rosen (2006), ao Novo Testamento. O Novo Testamento propõe que a Bíblia hebraica, denominada pelos cristãos de *Antigo Testamento*, seja lida tendo por base a revelação de Jesus, vendo-o naqueles textos cujo sentido real seria, segundo os cristãos, apontar para Jesus. Da mesma forma, também o *Bhagavad Gītā* propõe, conforme lembra Prabhupāda (1985, p. 371), que "o propósito do estudo védico é compreender Krishna".

3.6 Os *Purāṇas* e os *Tantras*: as lendas e os mitos

O termo ***Purāṇa***, cujo significado é "antigo", "antiguidade", é utilizado em referência aos textos que, apesar de tratarem de acontecimentos do passado, tais como os *Itihāsas*, não recebem necessariamente a mesma valorização destes. São muitas vezes considerados como lendas, as quais foram preservadas de tempos imemoriais, mas que não relatam necessariamente a verdade histórica. Em alguns casos, são indicados somente 18 *Purāṇas*, também denominados de *Mahapuranas*, "grandes *Purāṇas*". Em outras vezes, é possível que seja apresentado um número bem maior, chegando a 82 livros (Matchett, 2003).

PRESTE ATENÇÃO!

Muitos *Purāṇas* terão imenso valor para determinadas linhas do hinduísmo, porém não são considerados sagrados como um todo, tal como ocorre com os *Vedas*. Podemos falar dos *Purāṇas*, nessa perspectiva, como "lendas baseadas em tradição antiga" (Tagare, 1960, p. 5, tradução nossa, *Vāyu Purāṇa* 1.21).

Apesar de não serem necessariamente textos canônicos, os *Purāṇas* preservam dentro de si elementos da sabedoria do passado, transmitidos oralmente ao longo do tempo e, por fim, redigidos em textos de caráter enciclopédico. Por tal razão, conforme Matchett (2003), são considerados dotados de valores védicos, até porque, sendo resultantes de uma tradição oral que interagia com as transformações ao longo da história do hinduísmo, "incluem uma vasta variedade de materiais de épocas bastante distantes" (Brown, 1990, p. 3, tradução nossa).

Na verdade, o valor dos *Purāṇas*, na prática, pode ser considerado maior que o dos *Vedas*. Afinal, apesar de os *Vedas* serem aceitos por todos os grupos hindus, cada grupo estabelece aqueles *Purāṇas* que lhes servem como textos não somente canônicos, mas também fundamentais, ocupando um papel central, de modo consideravelmente parecido com a Bíblia para os cristãos.

Uma vez que a importância de um *Purāṇa* depende de sua valorização por determinado grupo dentro do hinduísmo e que podemos considerá-lo ou não como parte de seu *āgama*, seu cânon, um dos *Purāṇas* mais importantes é o *Viṣṇu Purāṇa*. Trata-se de um texto importantíssimo para o vaisnavismo, que é a maior entre as quatro linhas do hinduísmo. Nesse livro, Vishnu não somente é exaltado, como também é apresentado como a forma mais elevada de *Brahman*, justificando-se o culto dedicado a esse deus sobre os demais:

> Desse Brahman existem duas condições: uma com forma, e outra sem forma. Esses estados que degeneram e não degeneram existem em todas as criaturas. O que não degenera é o Brahman mais elevado; o que degenera é todo este universo. Assim como a luz se difunde de um fogo confinado a um lugar, também todo este universo é a energia difusa do Brahman supremo. E como uma luz mostra uma diferença maior ou menor, conforme sua

> proximidade ou distância do fogo, também existe uma variação na energia de Brahman. Brahma, Vishnu e Shiva são suas energias principais. Os demais deuses são inferiores a estes; os Yakshas [semideuses] e outros, [são inferiores] às divindades; os homens, o gado, os animais selvagens, pássaros e répteis, [são inferiores] aos Yakshas; e as árvores e plantas são as mais inferiores dentre todas estas energias. Todo este universo que, ó asceta excelentíssimo, está sujeito ao aparecimento e ao desaparecimento, à produção, à destruição, e à transformação, no entanto não degenera e é eterno. Vishnu, contendo todas as energias, é a mais elevada forma de Brahman que, no início de sua abstração, é contemplada pelos yogues como investida de forma. Dirigida a ele, a grande união com sua base e seus germes é produzida nas mentes inarredáveis dos devotos. Vishnu é a mais elevada e imediata de todas as energias de Brahman, o Brahman incorporado, formado do todo de Brahman. Nele, todo este universo se acha tecido e entrelaçado; dele é o mundo, e o mundo está nele; e ele é todo o universo. Vishnu, o senhor, consistindo do que é perecível bem como do imperecível, sustenta tudo, tanto o Espírito quanto a Matéria, na forma de seus ornamentos e armas. (*Viṣṇu Purāṇa* 1.22.36, citado por Renou, 1964, p. 125-126)

Com base nesse fragmento, fica claro que, na concepção do vaisnavismo, Vishnu não é apenas um deus supremo, mas a maior e melhor forma de se conceber *Brahman*. Para sustentar tal ideia, afirma-se que *Brahman* apresenta uma condição "sem forma" e outra "com forma", ou seja, admite-se aquela ideia tão forte no smartismo, segundo a qual há *saguṇa Brahman*, o "*Brahman* com qualidades", e *nirguna Brahman*, o "*Brahman* sem qualidades".

O texto também evidencia que o *Brahman* "com forma" está presente, em intensidades variadas, em todos os seres vivos, que podem ser pensados em uma ordem de "proximidade" do *Brahman*, ou "intensidade" de sua energia. Os seres mais distantes de *Brahman* são as plantas, sucedidas pelos animais – inclusive o ser humano –, depois pelos *Yakshas* – seres semidivinos –, em seguida pelos vários deuses e, por último, estão Brahma, Vishnu e Shiva, ou seja, a própria *Trimūrti*, que é a realidade do Universo mais próxima de *Brahman* e que contém mais de sua energia. Dentro desse grupo de três deuses, porém, parece que há, ainda, mais uma hierarquia, uma vez que Vishnu é considerado "a mais elevada e imediata de todas as energias de *Brahman*" (Renou, 1964, p. 126).

O que não fica claro, no entanto, é a medida da distância entre Vishnu e os outros dois deuses, Brahma e Shiva. Afinal, ao mesmo tempo que a afirmação de que Vishnu é "o *Brahman* incorporado, formado do todo de *Brahman*" (Renou, 1964, p. 126) é consideravelmente forte, absolutizando esse deus, Vishnu não deixa de ser, ao que tudo indica, parte da condição "com forma" de *Brahman*, como um ser do Universo. Assim, mesmo que se diga que "nele, todo este universo se acha tecido e entrelaçado" (Renou, 1964, p. 126), não parece incorporar a condição "sem forma" de *Brahman*.

Do mesmo modo, afirmando-se que "Vishnu, o senhor, consistindo do que é perecível bem como do imperecível, sustenta tudo, tanto o Espírito quanto a Matéria" (Renou, 1964, p. 126), abre-se a possibilidade de Vishnu ser considerado como incorporador não somente da realidade "com forma", ou seja, material, mas também da realidade "sem forma", isto é, espiritual, de *Brahman*.

Como vemos, o texto não esclarece essa questão, podendo ser utilizado – dependendo da interpretação – tanto por vaisnavas quanto por smartistas, especialmente por seu caráter filosófico. Tal caráter, porém, parece ter sido particularmente importante por fazer do *Viṣṇu Purāṇa* uma espécie de síntese entre a devoção popular a Vishnu e a reflexão filosófica e teológica própria dos *Upanishads*, dando, aliás, considerável autoridade ao texto (Adluri, 2015).

Para além de sua associação com *Brahman*, o *Viṣṇu Purāṇa* também emprega outros meios para afirmar a supremacia de Vishnu. Não somente os demais deuses – inclusive Brahma e Shiva – se prostram diante dele, como também a ele intercedem, tal como os homens oram aos deuses. Mesmo suas encarnações, tais como Krishna, demonstram superioridade extraordinária em relação aos demais deuses. Um exemplo disso é o episódio em que Krishna desafia Indra, "o rei dos celestiais", incitando a população da cidade de Vraja a não mais adorá-lo, a fim de dedicar sua adoração às vacas e à montanha, que é o próprio Krishna (*Viṣṇu Purāṇa* 5.10). Na sequência, Indra tenta responder a Krishna, mas não consegue:

> Indra, estando desapontado com suas oferendas, estava extremamente furioso, então se dirigiu à corte das nuvens que o auxiliam, chamada Samvartaka: "Ei, nuvens", ele disse, "ouçam minhas palavras e, sem demora, façam o que eu mandar. O insensato vaqueiro Nanda, ajudado por seus seguidores, parou com as usuais oferendas a nós, por estar sob a proteção de Krishna. Agora, então ataquem o gado, o qual é o sustento deles, e sua ocupação: façam com chuva e vento. Montado no meu elefante, como um grande pico de montanha, vou ajudá-los fortalecendo a tempestade". Quando Indra parou [de falar], as nuvens, obedientes ao seu comando, desceram em uma tempestade furiosa de chuva e vento, destruindo o gado. Em um instante, a terra, os pontos no horizonte, e o céu se tornaram um só por causa daquela chuva pesada e incessante. As nuvens rugiram, como pelo terror dos trovões, e derramaram torrentes ininterruptas. Toda a terra se cobriu de escuridão pelas nuvens densas e volumosas. Por baixo, por cima e por todos os lados o mundo era água. O gado, açoitado pela tempestade, encolhia – encolhendo-se ao menor tamanho – ou deixava de respirar. Alguns cobriam seus bezerros com seus flancos, e alguns viam seus filhotes sendo levados pela inundação.

Os bezerros, tremendo no vento, olhavam comoventemente para suas mães, ou imploravam, em gemidos baixos, como podiam, pelo socorro de Krishna. Hari [Krishna], vendo toda a Gokula agitada e alarmada – vaqueiros, vaqueiras e o gado: todos em um estado de consternação –, refletiu: "Este é o trabalho de Mahendra [Indra], como vingança pela interrupção de seus sacrifícios, e é meu dever defender essa estação de pastores. Vou levantar esta grande montanha de sua base na pedra e segurá-la, como um grande guarda-chuva, sobre os currais". Decidido, dessa forma, Krishna imediatamente pegou a montanha Govardhana e levantou-a, com uma mão, como se fosse brincadeira, dizendo aos pastores: "Vejam! A montanha está no alto. Entrem embaixo dela, rápido! Ela vai protegê-los da tempestade. Aqui vocês estarão seguros, tranquilos, e protegidos do vento. Entrem (sem demora) e não tenham medo de a montanha cair". Assim, todo o povo, com seus animais, carros e bens, e as Gopis, atingidas pela chuva, se dirigiram para o abrigo da montanha, o qual Krishna segurou, firme (sobre a cabeça). E Krishna, segurando a montanha, foi contemplado pelos moradores de Vraja com alegria e deslumbramento. E, tendo seus olhos sido abertos pela surpresa e pelo prazer, Gopas e Gopis louvaram a ele. Por sete dias e noites as vastas nuvens, enviadas por Indra, choveram sobre a Gokula de Nanda a fim de destruir seus habitantes. Porém, estes foram protegidos pela elevação da montanha. E o matador de Bala, Indra, sendo frustrado em seus propósitos, ordenou que as nuvens parassem. Sendo as ameaças de Indra infrutíferas, o céu ficou limpo. Toda a Gokula saiu (de seu abrigo) e retornou para seu próprio local. Então, Krishna, sendo visto com surpresa pelos habitantes da floresta, restaurou a grande montanha Govardhana ao seu lugar original. (*Viṣṇu Purāṇa* 5.11, citado por Wilson, 1868, p. 314-316, tradução nossa)

Nesse texto, há uma clara demonstração de poder de Krishna, encarnação de Vishnu, que é demonstrado na sobreposição daquele que era considerado o maior entre todos os 33 deuses védicos, Indra. Krishna é tão mais poderoso, que consegue conter o poder de Indra segurando uma montanha "com uma mão em divertimento", ou seja, sem qualquer esforço. Triunfando sobre Indra, Krishna demonstra não somente a superioridade dos novos deuses, mas também sua supremacia sobre toda e qualquer divindade, inclusive os deuses dos textos védicos. Desse modo, o *Viṣṇu Purāṇa* não nega a validade dos *Vedas*, mas evidencia que o novo deus, Vishnu, não pode ser comparado às antigas divindades da natureza.

Se o *Viṣṇu Purāṇa* é uma das bases teóricas do vaisnavismo, outros textos purânicos, em especial o *Devī Bhāgavata Purāṇa* (Bianchini, 2013), são a base do shaktismo (Bianchini, 2014b). Contudo, o shaktismo não está limitado a tais textos. Conforme indicado por Louis Renou (1964, p. 129), assim como os *Purāṇas*, os *Tantras* "contêm também muita especulação acerca dos ritos, bem como episódios míticos ordinariamente ligados ao culto de Shakti".

Os ***Tantras*** foram compilados por volta dos séculos VI e VII d.C. e são textos importantes não somente para formas mais esotéricas do hinduísmo como também, e principalmente, para o shaktismo. Isso é perceptível especialmente no *Soundarya Lahari*, "onda de beleza", o qual descreve *Devi*, a deusa, e apresenta seu caráter supremo com linguagem poética:

> Para igualar tua beleza, ó filha da montanha de neve, dificilmente os maiores poetas, Virinci e os demais, têm qualquer êxito; os cortesãos celestiais, quando a entreviram, por seu desejo, passam em imaginação a se identificar com o residente da montanha [Shiva], que é difícil de atingir até mesmo pelas práticas ascéticas. [...]
>
> Esbelta como um raio de relâmpago, composta de essência da lua, do sol e do fogo, situada acima dos seis lótus, tua manifestação

> na floresta de grandes lótus, aqueles com a mente livre de ilusão que a veem, grandiosos, experimentam uma torrente de alegria suprema.
>
> "Estenda, ó senhora, a mim, teu escravo, um olhar compassivo!" – quando alguém quer te louvar, pronuncia as palavras "tu, ó senhora", e nesse momento tu lhe concedes um estado de identidade contigo, com teus pés iluminados pelas coroas de Mukunda [Vishnu], Brahma e Indra. [...]
>
> Dhatr [Brahma] cria o mundo, Hari [Vishnu] o preserva, e Rudra [Shiva] o destrói. Anulando essa tríade, Isa, esconde até a sua forma. E Shiva, como primeiro, aprova todo esse processo; tomados pelo comando de suas tenebrosas sobrancelhas, eles tremem por um momento.
>
> Os três deuses nascem de tuas três *guṇas* [qualidades], ó esposa de Shiva – a adoração feita aos seus pés poderia ser adoração a eles; pois eles estão como botões, com cristas formadas por suas mãos, diante do banquinho com joias que fica sob seus pés. (Brown, 1958, p. 52-58, tradução nossa, *Soundarya Lahari* 12, 21-22, 24-25)

Assim, a deusa é elevada acima da *Trimūrti*, afirmando-se que os deuses Brahma, Vishnu e Shiva não somente provêm de suas qualidades, como também não passam de adereços – coroas e botões de joias – no banco sobre o qual a deusa coloca seus pés. Ou seja, simbolicamente, nenhum dos deuses – nem mesmo a *Trimūrti* como um todo – "chega aos pés", poderíamos dizer, da grande deusa, que é completamente superior, estando acima de tudo e de todos.

IMPORTANTE!

Mesmo em textos próprios do shaktismo é possível perceber relações profundas com os *Vedas*. Isso indica que, apesar da diversidade entre os textos das diferentes épocas da história do hinduísmo, cada escrito buscou se afirmar em unidade com os *Vedas*, remetendo-se a eles e, até mesmo, apresentando-se como sua verdadeira interpretação.

Assim, para além de o *Mahābhārata* ser considerado "o quinto *Veda*", também as "tradições antigas" compostas pelos textos épicos (*Itihāsas*) e pelas lendas (*Purāṇas*) em unidade (*itihāsapurāṇaṃ*) –, tal como o faz o *Chāndogyopaniṣad* (7.1.2), podem ser identificadas como essa "quinta parte dos *Vedas*" (*pañcamaṃ vedānāṃ*).

Síntese

Neste capítulo, foram apresentados os vários textos sagrados do hinduísmo, que normalmente se dividem entre os *Śruti* e os *Smṛti*. Os primeiros se referem "ao que é ouvido", sendo textos considerados como as verdades eternas vistas e escutadas pelos *rishis*, os "sábios". Eles têm, por isso, valor principal. Os *Smṛti*, por sua vez, fazem referência "ao que é lembrado". São textos cuja autoridade é derivada do *Śruti*, sendo principalmente interpretações e comentários sobre ele.

O único conjunto de textos que é considerado por todos os grupos hindus como *Śruti* é o dos *Vedas*, que inclui quatro textos, entre os quais três são bastante semelhantes, apresentando hinos a divindades que personificam as forças da natureza. O quarto se constitui em uma espécie de compêndio com fórmulas mágicas e encantamentos para finalidades bastante práticas, tais como vencer em algum jogo ou conquistar o amor de uma pessoa.

Como Os *Vedas* são bastante enigmáticos e acabaram sendo reinterpretados ao longo da história da religião hindu, receberam comentários denominados *Brāhmaṇas*, *Aranyakas* e *Upanishads*, que procuram explicitar aspectos pouco evidentes, mas presentes nos textos védicos, a fim de lhes aprofundar o significado.

Os *Dharmaśāstras*, diferentemente dos comentários védicos, são aplicações dos princípios védicos na vida diária, de modo que os vários mitos e hinos dos *Vedas* recebem uma interpretação social. Eles servem de fundamento religioso e cosmológico sobre o qual se formulam princípios e leis para reger a sociedade hindu.

Os *Itihāsas*, apesar de funcionarem como modelos éticos, não são centrados na lei como os *Dharmaśāstras*. São, na verdade, poemas épicos que visam contar histórias a respeito de homens e deuses, destacando principalmente a participação e a atuação de Rāma e Krishna, duas encarnações do deus Vishnu. Esses poemas servem, por conta disso, como bases do vaisnavismo.

Por fim, os *Purāṇas* e os *Tantras* são os textos que, enfatizando um deus como divindade suprema, servem de base interpretativa para as várias linhas do hinduísmo. Cada uma dessas linhas percebe a divindade suprema, *Brahman*, com base em um deus ou uma deusa.

Atividades de autoavaliação

1. Qual é o principal texto védico, do qual os demais em grande medida são derivações?
   A] *Rig Veda.*
   B] *Sāma Veda.*
   C] *Yajur Veda.*
   D] *Atharva Veda.*
   E] *Purana Veda.*

2. Qual é o nome dos textos que, comentando os *Vedas*, lhes dão uma interpretação filosófica que resulta em uma interiorização dos mitos e dos princípios teológicos presentes nos textos védicos?
   A] *Brāhmaṇas.*
   B] *Aranyakas.*
   C] *Upanishads.*

D] *Dharmaśāstras.*

E] *Puranas.*

3. Qual personagem mítico é considerado pelo hinduísmo como o progenitor da humanidade e o compilador do primeiro código legislativo escrito da cultura hindu?

A] Manu.

B] Yājñavalkya.

C] Nārada.

D] Vishnu.

E] Krishna.

4. Qual é o nome do maior poema do mundo, um épico que relata as guerras entre os Pandavas e Kauravas e que, em uma parte do texto, apresenta um diálogo entre o deus Krishna, encarnação de Vishnu, e o príncipe Arjuna?

A] *Rāmāyaṇa.*

B] *Mahābhārata.*

C] *Bhagavad Gītā.*

D] *Rāmlīlā.*

E] *Rig Veda.*

5. Que linha do hinduísmo utiliza o texto tântrico denominado *Soundarya Lahari*, "onda de beleza", como um de seus livros sagrados, servindo de fundamento ao seu culto?

A] Vaisnavismo.

B] Shaivismo.

C] Shaktismo.

D] Smartismo.

E] Vedismo.

Atividades de aprendizagem

Questões para reflexão

1. Elenque cada um dos textos sagrados hindus citados ao longo deste capítulo e faça uma análise de cada texto apresentando: a) o contexto histórico-teológico (fase da história do hinduísmo); b) o contexto literário (coleção e livro); c) características literárias principais (se é em prosa ou verso, se há diálogos ou narrativa etc.); d) crenças presentes no texto (reencarnação, imortalidade etc.); e) conceitos principais utilizados (*dharma*, brâmane etc.).

2. Pesquise a respeito dos conceitos de *Śruti*, "o que é ouvido", e *Smṛti*, "o que é lembrado", e compare com o conceito cristão de *revelação*, indicando semelhanças e diferenças.

Atividade aplicada: prática

1. Com base no que você estudou neste capítulo, elabore um breve questionário com cinco questões sobre os textos sagrados hindus. As questões devem ser criadas por você, e não copiadas de outra fonte.

DIFERENTES CAMINHOS A SEREM TRILHADOS NO HINDUÍSMO

Nos diferentes textos sagrados do hinduísmo, assim como ao longo das etapas da história dessa religião, podemos ver o desenvolvimento de ideias que, além de concepções teológicas, são também crenças que servem de fundamento para a religião hindu como um todo.

Em muitos casos, tais ideias servem como degraus de uma escada, permitindo que a teologia avance e se desenvolva, como resultado da reflexão a respeito das consequências dessa ou daquela crença. Em outros casos, porém, as ideias se apresentam como afluentes de um mesmo rio, coexistindo paralelamente e encaminhando-se para diferentes direções, apesar de terem uma origem comum.

Quando atentamos ao *trimārga*, os três caminhos da libertação, não fica claro qual o tipo de relação que eles têm na história da religião hindu. Afinal, apesar de alguns autores perceberem os três caminhos como etapas da evolução do hinduísmo, associados com as fases históricas dele, também podemos pensar nos três como opções diferentes que coexistem, apresentando-se de forma paralela ao longo do tempo.

Embora seja possível associar as religiões védica e bramânica ao caminho da ação (*karmamārga*), a religião upanishade ao caminho do conhecimento (*jñānamārga*) e as religiosidades devota e purânica ao caminho da devoção (*bhaktimārga*), também podemos perceber que os três caminhos "coexistiram por um longo tempo lado a lado" (Klostermaier, 2007, p. 119, tradução nossa), mesmo que em cada etapa da história do hinduísmo tenha sido dada certa ênfase a um ou outro.

Neste capítulo, apresentaremos uma análise mais apurada de cada um dos três caminhos, a fim de que eles sejam percebidos de forma integral dentro do hinduísmo.

4.1 *Karmamārga*: o caminho da ação

Podemos resumir o *karmamārga* como "o caminho da ação", a busca de libertação espiritual (*moksha*) por meio de ações (*karman*) que tenham um valor especial. Por causa disso, o *karmamārga* é o caminho mais explícito nos textos iniciais do hinduísmo, tais como os *Vedas* e, principalmente, os *Brāhmaṇas*, que enfatizam a importância de ações religiosas.

Nos *Vedas*, por exemplo, o próprio termo *karman*, "ações", não se refere a toda e qualquer ação – tal como em contextos posteriores –, mas particularmente às ações religiosas e rituais, entre as quais a principal é, sem dúvida, *yajña*, o sacrifício. Nos *Vedas* e, em especial, nos *Brāhmaṇas*, o sacrifício é apontado como um rito superior a todos os demais, sendo o ritual por excelência. Klostermaier (2007, p. 123, tradução nossa) aponta que "desta consideração básica se desenvolveu intrinsecamente um sistema e uma teologia do sacrifício, que explicava todas as coisas como resultado do ritual, *yajña*, incluindo a criação do Universo".

A ação (*karma*) sacrificial, nesse sentido, é projetada como uma ação de poder superior, a ponto de ser o mecanismo de criação e sustentação do próprio Universo. Dessa forma, o poder dos *karman* nos textos *Brāhmaṇas* é tal que, pela realização da ação do sacrifício, os homens não apenas solicitavam a intervenção dos deuses, mas realmente os compeliam a agir em seu favor (Sullivan, 1997), forçando-os por uma ação cujo poder era maior que o deles.

PRESTE ATENÇÃO!

Foi por meio do sacrifício que os deuses alcançaram sua superioridade, sendo que eram mortais, e o que lhes concedeu a imortalidade foi o fato de terem realizado o sacrifício apropriado.

O que observamos é que o valor do sacrifício não diz respeito somente aos deuses, mas também ao ser humano, até porque, por meio dos mitos que tratam do sacrifício de Puruṣa (*Vedas*) e Prajāpati (*Brahmanas*), já explicados anteriormente, a ação sacrificial é indicada, mesmo que de forma implícita, como uma relação do homem (*puruṣa*) com o cosmos. Isso reflete a crença de que o humano pode se integrar ao cosmos (Tull, 1989), tendo a ação (*karma*) sacrificial, o *yajña*, como caminho. Ou seja, já nas religiosidades védica e bramânica, podemos ver o germe do *karmamārga*, da libertação espiritual (*moksha*) por meio da ação.

Outra consequência do *karma* também é apresentada, de forma explícita, tanto nos *Vedas* quanto nos *Brāhmaṇas*: a imortalidade. Os próprios deuses eram, no começo, mortais, somente alcançando a imortalidade por meio do sacrifício (*Śatapatha Brāhmaṇa* 10.4.3; *Taittiriya Samhita* 6.3.4.7; 6.3.10.2). Do mesmo modo, os homens também alcançam a imortalidade por meio do sacrifício. Porém, a imortalidade dos homens foi restringida pelos deuses à realidade espiritual dos seres humanos, sendo somente acessível após a morte, quando a realidade espiritual se separa do corpo (*Śatapatha Brāhmaṇa* 10.4.3).

Mas, afinal, como se configura tal imortalidade? Por meio do sacrifício, o homem realiza uma espécie de "morte", sacrificando simbolicamente a si mesmo (*Aitareya Brāhmaṇa* 2.11). Conteúdo, ao mesmo tempo, quando realiza o sacrifício, o sacrificante "nasce" novamente (*Śatapatha Brāhmaṇa* 11.2.1), destinando-se a "nascer realmente no mundo celeste" (*Śatapatha Brāhmaṇa* 7.3.1).

Isso mostra um claro *karmamārga*, cujo objetivo, porém, não era o fim da sucessão de novos nascimentos, mas justamente um novo e definitivo nascimento, de caráter espiritual, iniciado e concretizado pelo ato sacrificial. Trata-se do "verdadeiro nascimento", uma vez que se afirma que "o homem é na verdade não nascido", pois "é pelo sacrifício que ele nasce" (*Maitrayaniya-Samhita* 3.6.7).

IMPORTANTE!

Conforme já indicado em outros capítulos, é nos textos dos *Upanishads* que se apresenta, de forma explícita, a doutrina do *karma*, segundo a qual as ações (*karman*) são a causa de os seres humanos estarem presos ao *saṃsāra*, a prisão da sucessão de mortes e renascimentos.

Podemos fornecer que, nos *Upanishads*, inverte-se a ideia védica das ações como algo positivo, passando elas a ser o grande problema da humanidade, assim como se inverte a libertação pretendida pelo homem. Antes, a libertação e a imortalidade eram consideradas como uma espécie de "novo nascimento", em uma realidade divina e paradisíaca. No entanto, na nova concepção a respeito da vida após a morte, a libertação pretendida é a própria libertação da série de nascimentos resultante das ações – é impedir que se nasça novamente (O'Flaherty, 1980).

Nos *Upanishads*, além de se indicar uma nova concepção, também aparecem continuidade e aprofundamento. É claro que isso não está completamente distante dos textos *Brāhmaṇas*, uma vez que não se nega, por exemplo, que o sacrifício seja a origem do cosmos – apenas se indica que tal cosmos é perecível, visto que "perece o mundo conquistado pelos *karman*" (*Chāndogyopaniṣad*

8.1.6). Na realidde, a doutrina do *karma* dos *Upanishads* pode ser percebida como continuidade da cosmovisão ritualística dos *Brāhmaṇas* (Tull, 1989) e dos *Vedas*.

Nesse sentido, mesmo que seja evidente que os textos *Upanishads* enfatizem *jñana* ("o conhecimento"), em vez do *karma* ("ação"), como via de libertação, não se deve pensar que toda e qualquer ação está limitada ao aspecto negativo. Afinal, assim como ações ruins causam efeitos negativos, não se deve negar que ações boas possam ter efeitos positivos: "Tal como alguém age, ou se comporta, é como se torna. Quem faz o bem se torna bom, e quem faz o mal se torna mau [...] qualquer ação que realize, ele se torna" (*Bṛhadāraṇyaka Upaniṣad* 4.4.5, citado por Long, 1980, p. 42, tradução nossa).

Seguindo nesse sentido, não se pode negar que a ação também seja, de certo modo, um "caminho" – se não para a libertação, pelo menos para um bom renascimento futuro (*Bṛhadāraṇyaka Upaniṣad* 3.2.13), na transformação de um homem, por suas boas ações, em algo ou alguém melhor (Sullivan, 1997).

Nos textos épicos, de acordo com Long (1980), há a presença de uma ampla variedade de posições a respeito do valor do *karma* e mesmo de sua relação com *saṃsāra*, como a particular ideia de que a morte teria sido introduzida por *Brahman* a fim de aliviar a Terra, pois, estando cheia de homens, poderia acabar submergindo no oceano (*Mahābhārata* 6.52ss).

Entretanto, uma dessas posições é particularmente importante: em vez de identificar a ação como um caminho de libertação, há a compreensão de que a própria libertação espiritual, *moksha*, é, de certo modo, uma ação. Afinal, alcançando *moksha*, uma pessoa realiza uma ação tão boa que tem como consequência (efeito) o benefício de boas realizações sobre dez gerações (*Mahābhārata* 1.86).

Na mais famosa parte do *Mahābhārata*, o *Bhagavad Gītā*, contudo, há um desenvolvimento de um verdadeiro *karmamārga*, de modo que um de seus capítulos, o terceiro, é dedicado à explicação a respeito da importância das ações:

> As atividades reguladas estão prescritas nos Vedas, e os Vedas manifestam-se diretamente da Suprema Personalidade de Deus. Consequentemente, a Transcendência todo-penetrante se situa eternamente em atos de sacrifício.
>
> Meu querido Arjuna, um homem que não segue este sistema de sacrifício prescrito nos Vedas, leva certamente a uma vida de pecado, pois uma pessoa que se deleita unicamente nos sentidos vive em vão.
>
> Contudo, aquele que sente prazer no eu, que se ilumina no eu, que se regozija no eu e se satisfaz com o eu somente, plenamente saciado – para ele não há dever.
>
> Um homem autorrealizado não tem nenhum propósito a satisfazer no cumprimento de seus deveres prescritos, nem tem nenhuma razão para não executar tais trabalhos. Nem tem necessidade de depender de nenhum outro ser vivo.
>
> Portanto, sem se apegar aos frutos das atividades, deve-se agir por uma questão de dever; pois trabalhando sem apego a pessoa alcança o Supremo. (*Bhagavad Gītā* 3.15-19, citado por Prabhupāda, 1985, p. 78-81)

IMPORTANTE!

O que fica claro é que, mesmo no *Bhagavad Gītā*, o *karma* aparece como um caminho (*karmamārga*) de elevação. Porém, tal caminho é restrito a um tipo específico de ação: a ação com desapego.

O texto também traz uma referência aos *Vedas* e ao sacrifício, sendo este compreendido por uma uma nova perspectiva: ele é interiorizado e transformado em símbolo das ações realizadas para Krishna, que são "sem desejo de ganho, livre de egoísmo e da letargia" (*Bhagavad Gītā* 3.30, citado por Prabhupāda, 1985, p. 78), ou seja, um "sacrifício" da própria vontade.

A proposta, portanto, não é a repressão das ações (*Bhagavad Gītā* 3.33), uma vez que "ninguém pode abster-se de fazer algo" (*Bhagavad Gītā* 3.5, citado por Prabhupāda, 1985, p. 71) e "a ação é melhor do que a inação" (*Bhagavad Gītā* 3.8). O que se propõe é o direcionamento das ações à divindade e o controle pela mente, pela inteligência e pela alma (*Bhagavad Gītā* 3.42-43, citado por Prabhupāda, 1985, p. 72). Trata-se de um *karmamārga* na condição de *karma yoga*, ou seja, o caminho da ação altruísta (Torwesten, 1991), buscando-se a aplicação das ações como exercícios espirituais de disciplina, a fim de unir corpo, mente e espírito, mediante ações de desapego e abnegação.

Nesse sentido, os sacrifícios são revalorizados não somente porque o sacrifício a Vishnu impede que as ações prendam o ser humano ao mundo material (*Bhagavad Gītā* 3.9), como ações conscientes, direcionadas à divindade, mas, também, porque o sacrifício é uma retribuição justa da prosperidade oferecida pelos deuses à humanidade – de modo que quem não o realiza é "um ladrão" (*Bhagavad Gītā* 3.12), pois rouba dos deuses o que lhes é justo.

Assim, há uma identificação entre o sacrifício e o serviço a Vishnu, de forma que Prabhupāda (1985, p. 73) destaca que "o mesmo propósito é cumprido, quer uma pessoa execute *yajñas* [sacrifícios] prescritos ou sirva diretamente ao senhor Vishnu". Para o autor, "a consciência de Krishna é, portanto, a execução de *yajña* [sacrifício]". Como *karma yoga*, o sacrifício se torna, mais que devoção à divindade, a própria unificação do todo do ser humano.

Preste atenção!

Tal percepção do *karmamārga*, espiritualizado, pode encontrar suas bases já nos textos *Brāhmaṇas*, os quais afirmam que, pelo sacrifício, o sacrificante constrói para si seu próprio ser, seu *ātman* (*Kaushitaki Brāhmaṇa* 3.8).

Conforme explica Eliade (2010, p. 223), "através da atividade ritual, as funções psicofisiológicas do sacrificante são reunidas e unificadas", tal qual as "diferentes técnicas *yogas*", que seguem o mesmo princípio, por meio da "concentração" e "unificação" das posições do corpo, dos sopros e da atividade psicomental.

Do mesmo modo, os textos *Aranyakas* indicam a unificação, por meio do sacrifício, entre o ser humano, com seus órgãos e funções psicofisiológicas, e os vários níveis teocósmicos (Eliade, 2010). Ou seja, o ser humano se integra com o Universo a ponto de se afirmar que a alma interior (*prajñatman*) é "uma só e mesma coisa que o Sol" (*Aitareya Aranyaka* 3.2.3, citado por Eliade, 2010, p. 224).

Mesmo nos *Itihāsas* e seus textos épicos, podemos perceber não somente o *karmamārga*, mas também sua relação com os sacrifícios. Isso aparece nos *Vedas* e, em especial, nos *Brāhmaṇas*, em que receberam destaque especial e fundamentam as concepções posteriores a respeito do sacrifício e de qualquer ação (*karma*).

Pelo *karma yoga*, por forte influência do *Bhagavad Gītā* e de outros textos mais recentes, o "caminho da ação" tem sido entendido como o caminho de um tipo específico de ação, que é a altruísta. O sacrifício se torna um símbolo dessa prática, entendida como o "autossacrifício" do devoto, que declina de suas vontades em favor da divindade.

4.2 *Jñānamārga*: o caminho do conhecimento

Da mesma forma que hoje, apesar do claro destaque à devoção (*bhakti*), podemos perceber a importância do "caminho da ação", também vemos em textos antigos elementos próprios dos demais caminhos possíveis. Isso inclui os *Vedas* e os *Brāhmaṇas*, nos quais o destaque recai sobre a ação.

Apesar de os *Brāhmaṇas* terem uma clara ênfase no *karmamārga*, "caminho da ação", isso não significa que tais textos proponham um desprezo pelo conhecimento (*jñāna*), por exemplo. Muito pelo contrário, o conhecimento aparece, até mesmo, como caminho para a imortalidade em um texto do *Śatapatha Brāhmaṇa* (10.4.3), no qual se afirma que o homem pode se tornar imortal "pelo conhecimento ou pela obra sagrada" (Renou, 1964, p. 61).

Tal conhecimento, no entanto, ainda não é apresentado como uma conscientização da interiorização da divindade, como será nos *Upanishads*. Trata-se de um conhecimento atrelado ao rito do sacrifício, de modo que o próprio texto evita equívocos interpretativos ao explicar a expressão utilizada: "Ora, quando eles [os deuses] disseram 'seja pelo conhecimento ou pela obra sagrada', é o altar de fogo que constitui o conhecimento e este altar é a obra sagrada" (*Satapatha Brahmana* 10.4.3, citado por Renou, 1964, p. 61). Ou seja, o *jñānamārga*, "o caminho do conhecimento", está presente – mesmo que limitado ao sacrifício – nos textos dos *Brāhmaṇas*, marcando presença no hinduísmo antes de sua explicitação nos *Upanishads*.

Nos *Upanishads*, entretanto, há uma verdadeira transição da primazia religiosa do sistema sacrificial (*karma-kāṇḍa*) para o conhecimento metafísico (*jñāna-kāṇḍa*), afirma Eliade (2010). Não há como não admitir a clara ênfase do conhecimento na religião upanishade. Afinal, é nesse contexto que se aponta que a libertação (*moksha*) só é possível pelo conhecimento a respeito de *Brahman*, a divindade única e suprema, a respeito da alma humana (*ātman*) e a respeito da relação entre os dois.

IMPORTANTE!

Conforme Klostermaier (2007), é comum a classificação da religião upanishade como *jñānamārga*, em contraste com as religiões védica e bramânica, consideradas *karmamārga*. Se as religiões védica e bramânica foram as etapas que devam maior destaque às ações e ao *karmamārga*, a religião upanishade foi, com certeza, o período de maior destaque do conhecimento (*jñāna*) e do *jñānamārga*.

Mas, se o objetivo do conhecimento é a compreensão de *Brahman* e *ātman*, qual é o caminho (*jñānamārga*) para se alcançar tal consciência? Segundo o *Māṇḍukya Upaniṣad* (Hume, 1921), tal caminho se estabelece em quatro etapas, associadas à sílaba *Om* (*Aum*), origem do famoso som típico para a meditação:

1. *Jāgarita-sthāna* – o estado acordado. É o reconhecimento racional da realidade do Universo, própria do homem comum, que busca a realização dos desejos. É posteriormente associado ao "corpo físico" da doutrina dos "três corpos" (*Sarira Traya*).
2. *Svapna-sthāna* – o estado da mente dormente. É o conhecimento interiorizado, ligado à sutileza e à iluminação, resultando na exaltação da continuidade do conhecimento. É associado ao "corpo sutil" da doutrina dos "três corpos".
3. *Suṣupti* – o estado do sono profundo. É a unificação da consciência, que emerge de dentro do ser humano e levanta o mundo todo consigo, conectando o homem ao Universo, tornando-o consciente de si e do mundo. É associado ao "corpo causal" da doutrina dos "três corpos".
4. *Turīya* – o estado da consciência pura. Não se relaciona a nenhum elemento, sendo a própria cessação do desenvolvimento e da diferenciação. É a percepção da ilusão da razão e do dualismo da percepção, transcendendo o relativo e o absoluto, *Saguna Brahman* e *Nirguna Brahman*.

Essas quatro etapas são a apresentação de um caminho, cujo resultado final deve ser a compreensão absoluta sobre a realidade infinita, que é *Brahman*. Porém, a trilha que se percorre também é importante: o conhecimento indicado, diferentemente do que se poderia esperar, não é um conhecimento sobre algo, nem a síntese da relação entre um sujeito e um objeto, mas a própria experiência do sujeito com a realidade como ela é (Klostermaier, 2007).

Nesse panorama, o conhecimento não é entendido como um saber, mas como um vir a saber, uma experiência, de modo que se apresenta efetivamente como um caminho a ser trilhado por aquele que busca a verdade. Consequentemente, a própria verdade, tal como se pode ver na relação dos hindus com os *Vedas*, não é tida como uma verdade a ser lida e apreendida intelectualmente, mas como uma "verdade conhecida pelo próprio indivíduo", por meio da "experiência direta da verdade", conforme Swami Lokeswarananda (citado por Andrade, 2010, p. 45).

PRESTE ATENÇÃO!

A associação da sílaba *Om* com a meditação não é à toa. As letras *a* + *u* + *m*, assim como o próprio som "*Om*", eram relacionados à realidade de *Brahman* a ser experimentada pela meditação. De acordo com Hume (1921), no *Praśnopaniṣad*, por exemplo, afirma-se que, meditando no *Om*, que é "tanto o baixo como o alto *Brahman*" (Hume, 1921, p. 387, tradução nossa, *Praśnopaniṣad* 5.2), alguém poderá alcançar o "mundo de *Brahman*". O que se entende é que, "assim como uma cobra é liberta de sua pele, do mesmo modo, se é livre do pecado" (Hume, 1921, p. 388, tradução nossa, *Praśnopaniṣad* 5.5) e, libertando-se do pecado, o devoto pode alcançar aquilo que "é pacífico, imutável, imortal, destemido, e supremo" (Hume, 1921, p. 388, tradução nossa, *Praśnopaniṣad* 5.7), ou seja, pode alcançar a libertação espiritual.

Outro ponto importante no estudo da relação entre os *Upanishads* e o *jñānamārga* parece ser uma indicação no *Śvetāśvatara Upaniṣad* de que, "conhecendo" a *Brahman* "como senhor, os homens se tornam imortais" (Hume, 1921, p. 400, tradução nossa, *Śvetāśvatara Upaniṣad* 3.7). Ou seja, é no conhecimento a respeito de *Brahman* que o ser humano pode alcançar a imortalidade. Contudo, para além de se destacar o conhecimento como caminho, também se nega a possibilidade de que haja algum outro caminho: "é apenas conhecendo-o que alguém ultrapassa a morte; não há nenhum outro caminho para chegar lá" (Hume, 1921, p. 400, tradução nossa, *Śvetāśvatara Upaniṣad* 3.8), de modo que quem sabe que *Brahman* é a realidade última, englobando todo o Universo sem ter forma, torna-se imortal, "mas os demais vão somente ao infortúnio" (Hume, 1921, p. 401, tradução nossa, *Śvetāśvatara Upaniṣad* 3.10).

No *Bhagavad Gītā*, entretanto, apesar da clara ênfase à devoção, nenhum dos três caminhos é rejeitado (Torwesten, 1991). Os três, aliás, são apresentados e incentivados, desde que tenham a mesma direção: "a dissolução do ego e a comunhão íntima, ao nível de união, com o divino" (Torwesten, 1991, p. 89, tradução nossa). No caso do *jñānamārga*, a libertação é resultado de um conhecimento a respeito da verdadeira natureza da divindade. Como afirma o próprio Krishna, "aquele que conhece a natureza transcendental de Meu aparecimento e atividades, ao deixar o corpo, não nasce outra vez neste mundo material, mas alcança minha morada eterna" (*Bhagavad Gītā* 4.9, citado por Prabhupāda, 1985, p. 106). Mas que conhecimento seria esse?

Em primeiro lugar, é o reconhecimento da verdade da reencarnação. Depois de Krishna afirmar que ensinou a ciência da *yoga* ao próprio Sol, Arjuna lhe questiona como poderia ter ensinado ao Sol, se este é anterior ao seu nascimento. Em resposta, Krishna lhe explica a respeito da reencarnação: "Tanto você quanto Eu temos passado por muitos e muitos nascimentos. Eu posso Me recordar de todos eles, mas você não" (*Bhagavad Gītā* 4.5, citado por Prabhupāda, 1985, p. 100). Assim, mesmo que o ser humano não possa se lembrar de suas vidas passadas, tal como Krishna pode, deve acreditar nessa realidade – que é a realidade da qual o homem deve buscar a libertação (*moksha*).

Em segundo lugar, é o reconhecimento de Krishna como encarnação da divindade. No *Bhagavad Gītā*, Krishna é uma encarnação de Vishnu, que não é considerado um entre vários deuses, mas a realidade divina, *Brahman*, em si mesma. Tal realidade divina, porém, apesar de não ter nascimento em si, por ser eterna, "desce" ao mundo a cada milênio, encarnando por meio de um nascimento, a fim de "salvar os piedosos e aniquilar os canalhas, bem como para reestabelecer os princípios da religião" (*Bhagavad Gītā* 4.8, citado por Prabhupāda, 1985, p. 105). Mesmo assim, contudo, Krishna não deixa de ser o "senhor de todas as coisas", de modo que "todos os seres vivos" são parte dele e estão nele (*Bhagavad Gītā* 4.35).

Em terceiro e último lugar, é o reconhecimento da verdade a respeito da ação. Mais importante do que as ações, que devem ser realizadas com desapego, é a consciência, ou seja, o conhecimento experimental a respeito do direcionamento espiritual dessas ações. Como lembra Krishna a Arjuna, "estando livres de apego, medo e ira, estando completamente absortas em Mim e refugiando-se em Mim, muitas e muitas pessoas no passado se purificaram através do conhecimento de Mim" (*Bhagavad Gītā* 4.10, citado por Prabhupāda, 1985, p. 107).

Todavia, tal conhecimento é o conhecimento a respeito da forma correta de agir, que deve ser direcionada para Krishna, sendo este o conhecimento pelo qual alguém "estará liberado de todos os pecados" (*Bhagavad Gītā* 4.16, citado por Prabhupāda, 1985, p. 113). É nesse sentido que Krishna afirma que "o trabalho de um homem que está desapegado dos modos da natureza material e que está completamente situado em conhecimento transcendental, funde-se inteiramente na transcendência" (*Bhagavad Gītā* 4.23, citado por Prabhupāda, 1985, p. 117).

E é desse modo, conectando conhecimento e ação, que o *jñānamārga* se vincula ao *karmamārga*, uma vez que se apresenta como a consciência necessária para a realização de ações direcionadas para a divindade. Assim, Krishna compara o conhecimento transcendental ao sacrifício, afirmando-o como uma espécie de sacrifício "no fogo do *Brahman* Supremo" (*Bhagavad Gītā* 4.25), ou seja, "no fogo da mente controlada" (*Bhagavad Gītā* 4.26).

Tal sacrifício é realizado no próprio interior do homem, em sua alma, como "sacrifício do conhecimento" (*Bhagavad Gītā* 4.33), ou ainda, como sacrifício do trabalho que culmina em conhecimento transcendental (*Bhagavad Gītā* 4.33). Esse conhecimento é afirmado como um caminho de libertação das consequências do *karma*, uma vez que "o fogo do conhecimento reduz a cinzas todas as reações das atividades materiais" (*Bhagavad Gītā* 4.37, citado por Prabhupāda, 1985, p. 126).

IMPORTANTE!

O conhecimento transcendental quebra a corrente de "causa e efeito" que prende os seres humanos no ciclo de reencarnações.

4.3 *Bhaktimārga*: o caminho da devoção

Se o *karmamārga* e o *jñānamārga* estão presentes no *Bhagavad Gītā*, o *bhaktimārga*, "o caminho da devoção", está muito mais! Afinal, o *Bhagavad Gītā* é escrito dentro de um contexto de desenvolvimento da devoção a Vishnu, cuja encarnação como Krishna é destacada e exaltada no texto.

Na verdade, na apresentação dos caminhos pelo *Bhagavad Gītā*, a devoção é o elemento central, de modo que, sem ela, o *karmamārga* seria percebido como algo mecânico (Torwesten, 1991), como a realização de ações vazias de sentido. Ou seja, o *jñānamārga* seria como uma busca sem direção. Desse modo, no *Bhagavad Gītā*, *bhakti* ("devoção") é o que faz com que toda ação e todo conhecimento tenham o potencial para elevar o devoto, tornando-se, assim, caminhos para a libertação.

No caso da ação, isso fica claro pelo fato de que qualquer ação ganha tal potencial, não havendo valor nela em si, mas no sentido que ela ganha ao ser realizada para a divindade. Assim, mesmo a oferta de "uma folha, uma flor, frutas ou água", se forem oferecidas "com amor e devoção", serão aceitas por Deus (*Bhagavad Gītā* 9.26). Portanto, Krishna não orienta o devoto para que se faça grandes ações nem ações específicas deste ou daquele sacrifício, mas que tudo o que for feito, seja feito para ele: "tudo que você fizer, tudo que você comer, tudo que você oferecer e presentear, bem como todas as austeridades que você executar, tudo deve ser feito como um oferecimento a Mim" (*Bhagavad Gītā* 9.27, citado por Prabhupāda, 1985, p. 253).

No caso do cristianismo, trata-se de um princípio semelhante – com suas especificidades, é claro – ao que é indicado por Paulo, quando afirma: "Assim, quer vocês comam, bebam ou façam qualquer outra coisa, façam tudo para a glória de Deus" (Bíblia Sagrada, 2014, 1Co 11.31). É uma cobrança da integralidade da devoção na vida do crente.

No caso do conhecimento, Krishna não nega a possibilidade de o *jñānamārga* levar o homem a Deus, mas destaca que se constitui em um caminho no qual "o avanço é muito penoso" (*Bhagavad Gītā* 12.5, citado por Prabhupāda, 1985, p. 317). Afinal, aquele que adora *Brahman*, o imanifesto, "a concepção impessoal da Verdade Absoluta" (*Bhagavad Gītā* 12.4, citado por Prabhupāda, 1985, p. 317), buscando-o pelo conhecimento transcendental, pode alcançar a divindade. Contudo, isso demandará mais esforço do que no caso daquele "cuja mente está fixa" na forma pessoal de Krishna, estando "sempre ocupado" em "adorar [a Ele] com grande fé transcendental" (*Bhagavad Gītā* 12.2, citado por Prabhupāda, 1985, p. 316).

Ou seja, somente pelo caminho do conhecimento, *jñānamārga*, o homem pode chegar a Deus, mas certamente tal conhecimento, quando aliado à devoção, ou seja, direcionado à divindade pessoal, Krishna, torna-se mais rápido e efetivo, aproximando homem e divindade:

> Ó filho de Prtha, para aquele que Me adora, entregando-Me todas as suas atividades e se devotando a Mim sem se desviar, ocupado em serviço devocional e sempre meditando em Mim, que fixou sua mente em Mim, para ele Eu sou o pronto salvador do oceano de nascimento e morte.
>
> Simplesmente fixe sua mente em Mim, a Suprema Personalidade de Deus, e ocupe toda sua inteligência em Mim. Desse modo, você viverá sempre em Mim, sem sombra de dúvida. (*Bhagavad Gītā* 12.6-8 , citado por Prabhupāda, 1985, p. 319-321)

Para além de ser mais efetivo, o *bhaktimārga* também tem um potencial maior que os demais caminhos de libertação para esta vida. Afinal, apesar de os demais caminhos terem a capacidade de conduzir o homem a Deus, eles não podem capacitar o homem a "compreender a Suprema Personalidade como Ele é". Isso ocorre uma vez que tal possibilidade se dá "unicamente através do serviço devocional" (*Bhagavad Gītā* 18.55, citado por Prabhupāda, 1985, p. 441).

Antes mesmo do *Bhagavad Gītā*, já existiam algumas indicações da importância do *bhaktimārga*. Um exemplo é o *Śvetāśvatara Upaniṣad*, que, de acordo com Hume (1921), em sua parte final afirma que o conhecimento superior a respeito de Shiva como *Brahman* não deve ser ensinado senão a um filho ou pupilo (discípulo), que "tenha a mais alta devoção [*bhakti*] a Deus" (Hume, 1921, p. 411, tradução nossa, *Śvetāśvatara Upaniṣad* 6.23).

Seguindo esse princípio, a devoção parece ser, antes de se tornar o claro caminho para a libertação, tal como aparece no *Bhagavad Gītā*, não tanto um caminho, mas um requisito para o direcionamento no caminho do conhecimento (*jñānamārga*). Mas será que isso é um indício de que ela foi uma criação recente, distante e divergente do espírito dos *Vedas*? Será que a religião devota e purânica se afasta completamente dos *Vedas*, fazendo referência a eles e utilizando a linguagem védica para se afirmar como ortodoxia, conforme questiona Jaiswal (2000)?

É evidente que, hoje, quando um vaisnava lê os *Vedas*, entende as ideias de "poder" e "esplendor" neles presentes, por exemplo, como referências a Vishnu (Klostermaier, 2007), indicando razões para aquele deus ser adorado. Porém, cabe pensar se já no período védico havia aquilo que se entende por *bhakti* e se esse elemento, se existente, poderia ser percebido como um "caminho" espiritual.

A maioria dos estudiosos nega tal presença nos *Vedas*, afirmando que nos textos havia uma ideia de adoração ritualística que dificilmente seria compatível com a devoção ao estilo *bhakti* (Miller, 2013). Como base nessa ideia, indica-se a ausência de referências à devoção aos deuses nos usos que os *Vedas* fazem da palavra *bhakti*.

Alguns autores, entretanto, afirmam que a ausência de referências explícitas não significa ausência de relação. Afinal, o termo sânscrito *bhakti* significava, originalmente, "porção" e "dividir", sentidos com os quais o termo é aplicado nos textos védicos (Suresh, 2009). Somente posteriormente o termo veio a significar uma adoração e devoção pessoal, um relacionamento íntimo entre o homem e a divindade. Desse modo, a procura pela "devoção" nos *Vedas* não deve estar presa a esse termo, cuja importância aumentou progressivamente no hinduísmo.

PRESTE ATENÇÃO!

A ausência de referências à devoção vinculadas ao termo *bhakti* não implica, necessariamente, uma ausência de qualquer tipo de devoção a uma divindade.

"Os inícios de *bhakti* podem ser traçados nos hinos do *Rig Veda*", uma vez que os hinos védicos "estão repletos de sentimentos de piedade e reverência" (Suresh, 2009, p. 31, tradução nossa), elementos centrais na posterior concepção de *bhakti*. Nesse sentido, geralmente se fala dos hinos dedicados a Varuna. Porém, até mesmo em alguns hinos dedicados a Indra é possível perceber certo aspecto de devoção e proximidade entre o deus e a humanidade (Miller, 2013).

É o caso de seu epíteto "amante" (*Rig Veda* 10.42.2), ou ainda da ideia de que é um amigo do devoto (*Rig Veda* 1.4.7), que deseja sua amizade (*Rig Veda* 1.133.26) etc. Apesar de não se apresentar como um claro caminho de "libertação", a devoção parece ser um caminho pelo menos de aproximação entre a humanidade e a divindade, já nos tempos védicos.

É óbvio que, com o desenvolvimento da religião devota e purânica, a devoção se intensificou e ganhou ênfase como caminho de libertação. Um exemplo clássico é a história da libertação de Gajendra (*Gajendra Moksha*), que é contada no *Bhāgavata Purāṇa* (8) e pode ser resumida da seguinte forma: havia um elefante chamado Gajendra, que vivia em um jardim criado por Varuna. Em um dia de intenso calor, o elefante decidiu entrar em um lago para se refrescar. Subitamente, porém, um crocodilo chamado Makara abocanhou sua perna, prendendo-o. Gajendra tentou escapar e seus amigos tentaram ajudá-lo, mas ninguém conseguiu. Com a morte iminente, seus amigos o deixaram, mas Gajendra, tendo esperança, orou para Vishnu, que veio em seu socorro montado em Garuda, o rei das aves. Vishnu se aproximou do elefante ferido, e este lhe ofereceu uma flor de lótus como presente, mostrando devoção. O deus, para ajudar o elefante, cortou a cabeça do crocodilo, explicando a Gajendra que este havia sido, em vida passada, o rei Indradyumna, seu devoto (Figura 4.1).

FIGURA 4.1 – *Vishnu salvando o elefante*. Pintura de aquarela sobre papel, séc. XVIII

Esse relato é um símbolo da sobreposição dos novos deuses sobre os antigos – pois Vishnu mata Makara, crocodilo de Varuna, em prol de Gajendra –, mas também serve como ilustração da própria libertação espiritual, *moksha*. Podemos pensar em Gajendra, o elefante, como uma representação da humanidade, que, por conta do pecado, representado pelo crocodilo, acaba ficando presa ao *saṃsāra*, representado pelo lago. Ou seja, a libertação humana das "águas" da reencarnação é possível por meio da devoção à divindade, pelo *bhaktimārga*.

Mas, apesar de o *bhaktimārga* marcar presença ao longo da história do hinduísmo, de diferentes formas e níveis de ênfase, cabe pensarmos: De que forma, hoje, o *bhaktimārga* é aplicado? Atualmente, podemos afirmar que muitos tomam o *bhaktimārga* como prática ritualística, uma vez que entendem a devoção como os próprios rituais de adoração. Assim, vivem o *bhaktimārga* "recitando fórmulas sagradas, repetindo nomes de um deus, visitando templos etc." (Ponraj, 2012, p. 64), de modo que o atual *bhaktimārga* acaba aproximando-se bastante do *karmamārga* e, de certo modo, englobando-o.

De fato, atualmente, a maioria dos hindus segue essa forma de *bhaktimārga* como seu principal caminho, de modo que a religiosidade é expressa em inúmeras devoções exteriores, tais como é possível ver em templos, imagens, procissões, festas e tantos outros elementos (Klostermaier, 2007). Porém, cada hindu pode escolher a qual dos caminhos dar maior ênfase na própria vida, uma vez que os três são considerados válidos pelo hinduísmo, ou seja, como aponta Ponraj (2012, p. 64), "o indivíduo pode fazer sua escolha".

Ao mesmo tempo, há aqueles que entendem que a devoção deve estar para além da ritualística, na "comunhão direta com Deus" (Ponraj, 2012, p. 64), destacando-se o valor da *yoga* nesse processo, ou seja, buscando-se aplicar a devoção por meio de uma conscientização e integração da consciência individual à divindade, presente em todo o Universo. Nesse panorama, a *bhaktimārga* passa a se relacionar intimamente com *jñānamārga*, de certo modo englobando-a, transformando uma prática reflexiva em uma prática de devoção, como aproximação do homem a Deus, por meio da meditação com vista à união entre a pessoa e o cosmos.

4.4 *Puruṣārtha*: os objetivos da vida

Se são muitos os caminhos para se alcançar a libertação, *moksha*, também são muitos os objetivos que uma pessoa pode ter, para além dessa libertação. Afinal, assim como nem tudo o que alguém realiza é necessariamente direcionado para a libertação espiritual, também nem todas as pessoas têm tal libertação como único objetivo em sua vida.

Compreendendo isso, o hinduísmo não se apresenta como uma religião alienada da vida prática, mas busca incorporar um aspecto plural da vida humana, compreendido com base no que se denomina *puruṣārtha*, "meta do homem", que são os objetivos presentes na vida humana.

Os *puruṣārtha* são quatro: *dharma*, ou seja, os valores morais e religiosos; *artha*, a riqueza e a prosperidade; *kama*, ou seja, o prazer e as alegrias; e, claro, *moksha*, a libertação espiritual. De acordo com Sharma (1999), tais elementos podem ser vistos também como: virtude (*dharma*), sucesso (*artha*), paixão (*kama*) e autoaperfeiçoamento (*moksha*).

IMPORTANTE!

Apesar da importância de *moksha* na religião hindu, quando se observa a vida humana, ela é apenas uma entre quatro direções que a vida das pessoas costuma tomar.

Na verdade, apesar da relevância de *moksha*, muitas vezes os outros três objetivos foram apresentados como as grandes metas da vida humana e, até mesmo, divinizados. No início do famoso livro indiano denominado *Kama Sutra*, é dito: "Curvamo-nos a *Dharma*, *Artha* e *Kama*". Mais do que uma dedicatória, o autor chega a afirmar que "as três metas da vida humana são as três divindades em cargo" de sua obra, justificando sua afirmação de serem divindades: "Se não fossem divindades, não seria correto curvar-se a elas; mas há evidência textual de que elas são de fato divindades" (Doniger, 2014, p. 21, tradução nossa).

Mas o *Kama Sutra*, como o próprio nome indica, não deveria ser dedicado somente a *Kama*, o prazer? Segundo o autor, não, pois não é correto que alguém se direcione para somente uma das metas humanas. Para educar seus leitores, o autor do *Kama Sutra* chega a contar uma história, que pode ser resumida da seguinte forma: quando o rei Pururavas subiu ao céu para ver Indra, encontrou a encarnação das três metas humanas. Porém, ao aproximar delas, somente prestou homenagem a *Dharma*, ignorando as outras duas, que, por causa disso, o amaldiçoaram. Por conta da maldição de *Kama*, ele acabou se separando de sua esposa, Urvashi, e sofrendo pela sua falta. E, por conta da maldição de *Artha*, ele se tornou tão ganancioso que acabou roubando de todas as classes sociais, inclusive da dos *brâmanes*, que decidiram matá-lo (Doniger, 2014). A história trágica de Pururavas representa o problema de alguém dedicar-se a somente um dos objetivos da vida humana. Afinal, cada uma das metas tem sua importância e não deve ser desprezada.

A incorporação de *moksha* ao conjunto do *puruṣārtha*, contudo, já havia sido implementada muito antes do *Kama Sutra*, uma vez que se deu até mesmo antes dos épicos, de modo que a libertação faz parte das metas do homem tanto no *Rāmāyaṇa* como no *Mahābhārata*. No *Rāmāyaṇa*, por exemplo, é dito que este "trata do valor de *kama* e *artha* e trata também de *dharma* e *moksha*" (Sharma, 1999, p. 227, tradução nossa), enquanto no *Mahābhārata* se afirma a amplitude do que é tratado na obra por meio de uma referência às quatro metas: "No que diz respeito a *dharma*, *artha*, *kama* e *moksha*, o que não puder ser encontrado aqui não existe em lado nenhum" (Sharma, 1999, p. 227, tradução nossa). Porém, mesmo no *Kama Sutra* (1.2.1-4), *moksha* aparece relacionada às metas humanas, as quais, em conjunto, são conectadas às fases da vida humana, *ashramas* (tema que será aprofundado no próximo capítulo):

> O tempo de vida de um homem é cem anos. Dividindo esse tempo, ele poderá atender às três metas da vida, de modo a se completarem em vez de se prejudicarem. Em sua juventude, ele deve atender aos objetivos de investimento (*artha*), tais como o aprendizado, em sua vida adulta, dedicar-se ao prazer (*kama*) e, em sua velhice, à virtude (*dharma*) e à libertação (*moksha*). (Olivelle, 1993, p. 218, tradução nossa)

Se o *Kama Sutra* aplica os três objetivos às diferentes fases ao longo da vida do homem, o *Mahābhārata* os aplica às três fases do dia. Assim, o período da manhã deve ser dedicado a *dharma*, o período da tarde a *artha*, e o restante do dia a *kama* (Iyer, 1969). De certo modo, muitas pessoas adotam na prática esse modo de vida, inclusive no Ocidente. Afinal, muitos ocidentais e, até mesmo cristãos dedicam parte de sua manhã à sua religiosidade, fazendo meditações devocionais, trabalham na maior parte do dia, especialmente à tarde, e usufruem do final do dia, no período da noite, separado como tempo de lazer.

Tanto pela aplicação das metas de vida aos estágios da vida quanto por sua aplicação aos momentos do dia, indica-se a importância de se viverem todos os objetivos. Assim, não cabe a este ou àquele homem buscar este ou aquele objetivo.

IMPORTANTE!

Cada homem deve, ao longo de sua vida, saber perceber no que deve investir, a fim de não deixar de viver plenamente os

objetivos próprios da vida humana. Até quem é devoto, seguindo o *bhaktimārga*, deve seguir os caminhos desses objetivos de vida, mesmo que faça isso tendo sempre o objetivo final, *moksha*, em sua mente (Iyer, 1969), direcionando-o.

Os objetivos humanos, tais como *dharma*, por exemplo, têm uma importância fundamental no caminho em direção a *moksha* (Koller, 1968). Isso vale não somente para aqueles que seguem um "caminho da ação" (*karmamārga*), mas para todos aqueles que entendem que todas as suas ações devem ser permeadas pela ordem cósmica e divina, aplicada à vida humana pelo que chamamos de *hinduísmo*, mas que é visto, na verdade, como o "eterno *dharma*". Nesse sentido, mesmo o *Bhagavad Gītā*, apesar de sua ênfase sobre *moksha*, não despreza as demais direções que a vida humana toma, uma vez que tudo que o homem realiza pode ser direcionado para a divindade e, desse modo, buscado da forma correta. Assim, todos os objetivos podem ser positivos, de maneira que nem mesmo o prazer (*kama*) é mau em si mesmo (Iyengar; Iyengar, 1991-1992).

SÍNTESE

Muitos estudiosos utilizam os três caminhos (*trimārga*) para a libertação (*moksha*) como mecanismo didático para apresentar as fases da história do hinduísmo. Neste capítulo, buscamos destacar que há elementos de cada um desses diferentes caminhos em cada uma das fases do desenvolvimento da religião hindu. Assim, mesmo que na religião védica esteja evidente o *karmamārga*, também há elementos dos demais caminhos nos *Vedas*, assim como há uma continuidade de compreensão das ações como caminho espiritual ao longo de toda a história subsequente.

Quanto ao *karmamārga*, o "caminho da ação", sua importância está particularmente clara e evidente nos *Vedas* e nos *Brāhmaṇas*, que utilizam o termo *karma* em sentido específico, referindo-se às ações rituais e, principalmente, ao sacrifício. Assim, se nos *Vedas* o sacrifício já tem grande importância, tal importância terá particular destaque e aprofundamento nos *Brāhmaṇas*, que o apontam como o mecanismo pelo qual o Universo foi criado, pelo qual é mantido pela ação humana e pelo qual o homem pode alcançar a imortalidade. Nos *Upanishads*, próprios da religiosidade posterior, tal ênfase recai sobre o conhecimento (*jñāna*). Nem por isso, porém, os textos posteriores aos períodos védico e bramânico desprezam as ações (*karman*). Pelo contrário, as ações são enfatizadas como importantes aspectos da evolução espiritual, inclusive no *Bhagavad Gītā*, muito posterior aos tempos védicos.

Da mesma forma, o caminho do conhecimento (*jñānamārga*) é explícito e tem maior ênfase em uma das etapas da religião hindu, que é a religião upanishade, a qual indicou a necessidade de o homem libertar-se do resultado de suas ações (*karman*) pelo conhecimento (*jñāna*) de *Brahman* (a divindade suprema), de *ātman* (a alma humana) e da relação deles.

Mesmo assim, a importância do conhecimento para se alcançar a imortalidade estava presente já nos *Vedas*, ainda que em menor medida e de forma mais discreta, e estará no *Bhagavad Gītā*, mesmo que esteja vinculada à devoção (*bhakti*). Afinal, no *Bhagavad Gītā*, o caminho da devoção (*bhaktimārga*) não é somente enfatizado e destacado, mas também ampliado, englobando a realização de ações (*karman*) e a própria busca pelo conhecimento (*jñāna*).

Tal pluralidade de caminhos indica uma variedade de tendências religiosas e também reflete a existência de diferentes objetivos para a vida humana, para além de *moksha*, a libertação espiritual. Assim, o hinduísmo admite que a vida humana tende para outras três metas, que são *dharma*, a virtude religiosa; *artha*, o sucesso material; e *kama*, o prazer. Mesmo no *Bhagavad Gītā*, tais metas da vida humana não são negadas, mas apropriadas dentro de uma perspectiva religiosa, que as direciona para a divindade, transformando-as e percebendo-as com base naquilo que ganha destaque: a devoção como relacionamento pessoal e direto com a divindade.

Atividades de autoavaliação

1. Os três caminhos da libertação (*trimārga*) são os seguintes:
   I. *Karmamārga.*
   II. *Jñānamārga.*
   III. *Bhaktimārga.*

   Indique qual das alternativas a seguir faz uma relação correta entre o caminho mencionado, conforme a numeração estipulada, e seu significado:

   A] I – caminho da ação; II – caminho do conhecimento; III – caminho da devoção.
   B] I – caminho da devoção; II – caminho do conhecimento; III – caminho da ação.
   C] I – caminho do conhecimento; II – caminho da ação; III – caminho da devoção.
   D] I – caminho da ação; II – caminho da devoção; III – caminho do conhecimento.
   E] I – caminho do conhecimento; II – caminho da devoção; III – caminho da ação.

2. Que ação ritual ganhou papel central no "caminho da ação", especialmente nas religiões védica e bramânica, por ser considerada como uma ação com poder de criar o Universo e conceder a imortalidade?
   A] A oração.
   B] O sacrifício.
   C] A meditação.
   D] A consagração.
   E] A devoção.

3. Em qual das etapas da história do hinduísmo ficou mais explícito e enfatizado o "caminho do conhecimento", destacado especialmente em contraste com a valorização das ações rituais, tão presente nos períodos anteriores?
   A] Religião védica.
   B] Religião bramânica.
   C] Religião upanishade.
   D] Religião devota.
   E] Religião purânica.
4. No *Bhāgavata Purāṇa*, é relatada uma história que serve de representação do "caminho da devoção", em que um animal chamado Gajendra é salvo da morte por Vishnu, em decorrência de sua devoção àquele deus. Que animal era esse?
   A] Um tigre.
   B] Um elefante.
   C] Um crocodilo.
   D] Um hipopótamo.
   E] Uma ave.
5. Os quatro *puruṣārthas*, ou seja, os quatro objetivos da vida humana, são:
   I. *Dharma.*
   II. *Artha.*
   III. *Kama.*
   IV. *Moksha.*

   Indique qual das alternativas a seguir faz uma relação correta entre o objetivo mencionado, conforme a numeração estabelecida, e seu significado:
   A] I – prazer; II – sucesso; III – libertação; IV – virtude.
   B] I – prazer; II – virtude; III – libertação; IV – sucesso.
   C] I – virtude; II – prazer; III – sucesso; IV – libertação.
   D] I – virtude; II – sucesso; III – prazer; IV – libertação.
   E] I – libertação; II – virtude; III – prazer; IV – sucesso.

Atividades de aprendizagem

Questões para reflexão

1. Liste cada um dos três caminhos da libertação (*trimārga*) e explique de que forma eles aparecem em cada uma das cinco etapas da história do hinduísmo, a fim de evidenciar o desenvolvimento histórico dessa religião com base nesses elementos.
2. A religião hindu apresenta três caminhos possíveis para a libertação espiritual, que envolvem a ação, o conhecimento e a devoção. Conforme apresentado neste capítulo, apesar de cada etapa da história do hinduísmo dar ênfase a um desses caminhos, cabe a cada crente escolher qual caminho seguir em sua vida. Refletindo sobre sua própria vida, que caminho você diria que tem sido sua escolha (seja ele religioso ou não)? Considerando-se a importância dos três caminhos, de que modo você poderia incorporar os outros dois caminhos em sua vida?
3. Tal como apresentado neste capítulo, o hinduísmo indica que há quatro objetivos na vida humana, a saber: *dharma*, a virtude religiosa e moral; *artha*, o sucesso material; *kama*, o prazer e a alegria; e *moksha*, a libertação espiritual. Em qual desses objetivos você tem investido mais tempo em sua vida? Em qual desses objetivos você tem depositado seu coração, a fim de alcançá-lo? Note que as perguntas são diferentes, a primeira faz referência ao tempo investido e a segunda, ao direcionamento de um desejo.

Atividade aplicada: prática

1. Leia os cantos 1 e 2 do *Bhagavad Gita* e faça um fichamento com a relação dos trechos que tratam de cada um dos caminhos de libertação do hinduísmo. O texto pode ser lido em livro, caso você tenha acesso, ou na internet. Disponível em: <http://www.culturabrasil.org/zip/bhagavadgita.pdf>. Acesso em: 28 nov. 2019.

O HINDUÍSMO ALÉM DA RELIGIÃO

Se tomarmos o hinduísmo como uma religião, não estaremos sendo justos com os hindus. Afinal, para além de religião, a *Sanātana dharma*, "lei eterna", é também um modo de vida, uma possibilidade filosófica – divindido-se, aliás, em várias filosofias – e, por fim, uma estrutura social. O hinduísmo, portanto, é muito mais que uma religião, pois inclui aquilo que, nos países do Ocidente, identificamos como elementos sociais, tais como os costumes, as leis e até mesmo as estruturas sociais, como o casamento. Na Índia, porém, tudo isso está intimamente associado com o que denominamos *hinduísmo*, de modo que religião e sociedade são realidades relacionadas e, em grande medida, indissociáveis. Um estudo sobre o hinduísmo, pois, que não leve em consideração a própria sociedade indiana e o modo pelo qual ela se estrutura não estará completo.

Esse aspecto social do hinduísmo, contudo, gera um problema que, mesmo que possa aparecer em outros contextos, nestes não tem a mesma intensidade. Trata-se da grande dificuldade, ainda hoje, de se saber lidar com a relação entre o direito secular estabelecido pelo Estado e o direito tradicional, estabelecido pelos textos religiosos clássicos, especialmente os *Dharmaśāstras*, assim como pelo próprio costume. Afinal, enquanto os hindus ortodoxos costumam negar a vantagem de muitas renovações necessárias na legislação, os hindus modernistas costumam negar o valor da lei hindu tradicional, de modo que muitas vezes acaba sendo criada uma oposição em vez de uma síntese entre as duas partes (Rocher, 2012).

Neste capítulo, analisaremos especificamente as características dos elementos sociais que envolvem o hinduísmo, como o casamento, a visão acerca da mulher e o sistema de castas, assim como as questões legais que os permeiam.

5.1 O casamento: entre a família e o Estado

A força do Estado intervindo diretamente na vida das pessoas na Índia tem sido muitas vezes percebida pelos hindus ortodoxos como uma espécie de "concorrente" da tradição do hinduísmo, sobrepujando-a e até mesmo negando-a. Desse modo, uma vez que o Estado nem sempre concorda com as tradições existentes na Índia, as quais são fundamentadas nos costumes e propagadas pela cultura familiar e religiosa, muitas vezes há intensos atritos não somente entre as lideranças religiosas e o Estado, mas também entre o Estado e as famílias.

Um exemplo de aspecto que gera atrito entre Estado e família é o casamento. Afinal, no que diz respeito a esse evento, tradicionalmente os pais são considerados autoridades máximas, escolhendo não somente com quem seus filhos deverão casar, mas também a idade em que será realizado o matrimônio. Na visão tradicional, se os pais quiserem, podem casar sua filha de 15 anos com um senhor viúvo de 40 anos, por exemplo, sem nenhum problema – é uma decisão familiar, na qual ninguém deve interferir.

O Estado, no entanto, pode não concordar com o casamento infantil e intervir. E é justamente por isso que o casamento pode ser visto como "um exemplo de conflito entre direitos tradicionais e direito estatal" (Francavilla, 2012, p. 41, tradução nossa). A fim de proteger os direitos humanos das crianças, o Estado acaba limitando os direitos tradicionais dos pais no que se refere ao casamento de seus filhos.

Preste atenção!

A tradição de os pais decidirem sobre o casamento dos filhos é tão forte que, em um artigo de 1977, que depois foi republicado, Doranne Jacobson (2006) indicava que somente nos círculos mais ocidentalizados é que os jovens podem escolher os próprios cônjuges. Isso figurava menos de 1% dos casos. Ou seja, em mais de 99% dos casos, eram os pais que decidiam com quem cada pessoa iria casar.

Até mesmo meninos e meninas que namoram em sua adolescência e juventude têm a expectativa – mesmo que não necessariamente desejem isso – de que seus pais escolherão sua esposa ou esposo. A cultura chega ao ponto de os pais poderem anunciar os filhos para interessados por meio de anúncios nos classificados do jornal ou por outros meios de comunicação, como a internet. Há diversos *sites* de busca de noivos, sendo que muitos jovens os utilizam para oferecer opções para seus pais escolherem.

O governo da Índia tem se mostrado a favor da escolha dos noivos por parte dos pais, o que ficou evidente recentemente: verificando que muitos jovens estavam utilizando os *sites* de anúncio de noivos e noivas para encontrar pessoas para namorar, sem ter a intenção de casar, o ministro das telecomunicações da Índia, Ravi Shankar Prasad, decidiu enviar uma nota aos *sites* para que exijam dos usuários que estes assinem uma declaração afirmando que têm a intenção de casar e não intencionam utilizar o *site* para outros propósitos, tais como o namoro (Doshi, 2016).

Entretanto, o governo não sanciona que o casamento arranjado deixe de lado outros valores, de modo que a autoridade dos pais no que diz respeito ao casamento dos filhos também foi limitada pelo Estado. Posicionando-se contra uma prática recorrente entre as famílias da Índia, o governo decidiu proibir, em 2006, o casamento de crianças, estabelecendo tal proibição mediante um ato jurídico que ficou conhecido como *Child Marriage Prohibition Act* (Ato de Proibição do Casamento de Crianças). Acontece, porém, que o direito de família não reconheceu a validade do documento, mantendo a prática de forma ativa, a despeito da proibição (Francavilla, 2012).

Importante!

Apesar de ser proibido que homens com menos de 21 anos e mulheres com menos de 18 anos se casem (*Child Marriage Prohibition Act*, § 13), os casamentos infantis continuam acontecendo, a ponto de, segundo cálculo do Fundo das Nações Unidas para a Infância (UNICEF), em 2014, 47% das meninas indianas se casarem antes de completarem 18 anos de idade (Dhillon, 2015). Com tal porcentagem, a Índia é o local onde se encontra um terço de todas as "noivas-crianças" do mundo (Maia, 2017).

Para além da imposição familiar, que decide sobre a vida matrimonial das crianças, em muitos casos as crianças que se casam podem ser consideradas verdadeiros "bebês". Apesar de a situação ter mudado consideravelmente nas últimas décadas, um censo de 1993 indicou que 14% das "noivas-crianças" casaram antes dos 10 anos de idade, e 3% havia casado antes dos 5 anos de idade (Burns, 1998).

De fato, há casos de meninas de 4 ou 5 anos de idade que se casam com rapazes de 12, 15, 18 anos, ou ainda com verdadeiros "senhores". Contudo, a estimativa pode ser ainda aumentada, uma vez que, majoritariamente em lugares afastados dos centros urbanos, as idades apresentadas e registradas não são precisas, sendo normalmente arredondadas para mais.

É o caso de Deepa Kumari, "noiva-criança" que foi vendida por seu pai a um homem de 31 anos de idade por cerca de U$ 300,00 e cuja idade era difícil de determinar. Enquanto seu pai insistiu com as autoridades que a menina teria por volta de 17 anos, os registros indicam a idade de 15 (Schultz; Raj, 2018).

Atualmente, muitas "noivas-crianças" têm recebido apoio de instituições e até mesmo de ativistas dos direitos das mulheres para buscarem seus direitos na justiça (Dhillon, 2015). Desse modo, em 2012 ocorreu a primeira anulação de um casamento infantil na Índia, quando Laxmi Sargara, uma jovem de 18 anos, conseguiu anular seu casamento, que ocorreu quando ela tinha apenas 1 ano de idade e seu marido 3.

Em contrapartida, em alguns contextos da Índia, a prática dos casamentos das "noivas-crianças" não somente continua, como também se tornou um verdadeiro comércio: pela "brecha" da cultura do casamento infantil, muitos homens realizam um turismo sexual no qual "se casam" com as meninas e assim permanecem, mas somente durante suas estadias.

Preste atenção!

A cultura do casamento de crianças acabou abrindo certa "brecha" para a exploração sexual infantil, em um contexto no qual "noivas-crianças" são exploradas por viajantes que, depois de algumas semanas, vão embora e as abandonam.

A solução encontrada pela Suprema Corte indiana para as inúmeras dificuldades decorrentes da cultura do casamento infantil foi a definição do sexo com "noivas-crianças" como estupro (Gettleman; Kumar, 2017), mesmo em caso de casamento. O sexo forçado dentro do regime do casamento não é considerado estupro segundo o Código Penal da Índia (§ 375), desde que a esposa tenha pelo menos 18 anos. A mudança realizada em 2013, portanto, foi a alteração da idade mínima, que passou de 15 para 18 anos, porém o sexo forçado dentro do casamento ainda não é considerado estupro na Índia. Em outras palavras, o "estupro conjugal" não é considerado crime.

Mesmo assim, a alteração se mostrou um avanço. Afinal, antes de tal definição, em 2013, havia uma clara contradição na lei: era permitido que somente mulheres acima de 18 anos se casassem, ao mesmo tempo que outra lei permitia o sexo com meninas de 15 anos, desde que houvesse vínculo matrimonial.

A complexidade da questão fica evidente quando se considera que a proibição de que meninas com menos de 15 anos se casem data de 1955, permanecendo – e com considerável recorrência – até hoje. Em seu artigo de 1977, Doranne Jacobson (2006, p. 64, tradução nossa) indicava que, na geração anterior, "os pais que tivessem uma filha na puberdade em casa seriam severamente criticados, mas hoje as pessoas dos vilarejos são mais tolerantes quanto ao casamento após a puberdade".

A mudança, portanto, foi bastante gradual. Primeiramente, os casamentos passaram a ser não mais de crianças, mas de adolescentes, ou seja, permitia-se cada vez mais que meninas se casassem após a primeira menstruação. Assim, por volta de 1977, percebia-se nos vilarejos rurais da Índia o começo de uma mudança: mesmo que não fosse uma ideia de casamento em idade adulta, já se permitia que as meninas fossem pelo menos adolescentes. Afinal, nas gerações anteriores, a situação era ainda pior, quando os pais procuravam casar suas filhas antes da primeira menstruação.

Fica evidente que, apesar de ainda haver inúmeros casos de casamentos infantis na Índia, a mentalidade vem mudando ao longo de décadas, e essa mudança é, por suas implicações sociais e culturais, necessariamente lenta e gradual. Mais problemática e difícil de mudar, porém, é a visão negativa de muitos indianos sobre as mulheres, decorrente em grande medida de uma intensificação de preconceitos culturais afirmados e reafirmados ao longo do tempo em inúmeros textos, tais como as *Leis de Manu.*

Nas *Leis de Manu*, ou *Mānava-Dharmaśāstra*, já estudadas anteriormente, as mulheres são colocadas em situação de subserviência em relação aos homens, de modo que é negada a elas qualquer independência:

> Por uma menina, uma moça ou mesmo uma mulher idosa, nada deve ser feito independentemente, nem mesmo em sua própria casa. Na infância, a menina deve estar submetida a seu pai, na mocidade a seu marido; quando seu senhor morre, a seus filhos; uma mulher jamais deve ser independente. Ela não deve buscar separar-se do pai, marido ou filhos; deixando-os, ela tornaria tanto sua própria família quanto a de seu esposo dignas de desprezo. (*Mānava-Dharmaśāstra* 4.147, citado por Renou, 1964, p. 90)

Nesse sentido, "dia e noite as mulheres devem ser mantidas sem independência pelos seus homens" (*Mānava-Dharmaśāstra* 9.2, citado por Jamison, 2018b, p. 138, tradução nossa) e, mesmo assim, "guardadas por grande esforço, elas ainda frustram seus maridos" (*Mānava-Dharmaśāstra* 9.15, Jamison, 2018b, p. 138, tradução nossa). Tal frustração muitas vezes é após a morte. Afinal, mesmo depois da morte de seu marido, uma mulher não deve sequer falar o nome de outro homem, enquanto o homem pode casar novamente.

Essa diferenciação culminou na prática do *suttee* ou *sati*, ou seja, a prática do sacrifício vivo da viúva de um hindu na própria pira funerária de seu marido. Tal prática não era obrigatória, mas era uma espécie de "obrigação moral", que impunha até mesmo, segundo o *Āpastamba Dharmasūtra*, uma pena para a mulher que afirmasse que iria jogar-se na pira de seu marido e acabasse não o fazendo no último instante. De modo semelhante, outros textos indicam que, caso uma mulher de um brâmane não cumpra o *sati*, não deve nunca mais arrumar seu cabelo (Sharma et al., 1988, p. 32).

A maioria das viúvas não realizava o *sati*, permanecendo vivas, e mesmo respeitadas por suas famílias, mas isso não impedia que elas passassem a sofrer severas restrições – para além das indicadas (Jamison, 2018a). Atualmente, porém, a prática do *sati* está proibida. Ela foi banida já em 1829, após campanhas contra a prática lideradas por cristãos, tais como o missionário William Carey, e até mesmo hindus reformistas, tais como Ram Mohan Roy. Em 1988, o *Sati Prevention Act* (Ato de Prevenção ao Sati) criminalizou não somente a prática mas também seu incentivo ou mesmo sua glorificação.

Quanto à guarda das mulheres, esta se referia, principalmente, à sexualidade delas: a grande ameaça, o grande perigo, é que uma mulher tivesse relações sexuais com um homem que não fosse seu marido (Jamison, 2018b), mesmo que este já tivesse morrido. Tendo relações com um estranho, a mulher colocaria em risco sua prole, uma vez que a legitimidade de seus filhos seria posta em dúvida.

Como afirma o *Āpastamba Dharmasūtra* 2.13.6 (Jamison, 2018b, p. 139, tradução nossa), "por isso guardam suas esposas, temendo a semente de estranhos". Ou seja, a fim de manter pura uma linhagem, a prática do *sati* era incentivada, para que a mulher não tivesse nenhuma chance de denegrir sua família ou a imagem de seu marido, fosse tendo relações, fosse mesmo casando com outro homem. Contudo, grande parte das mulheres se casava novamente, a despeito das indicações nos textos jurídicos (Jamison, 2018a).

5.2 A ambiguidade em relação às mulheres

A razão dada para a supervisão "eterna" das mulheres é, em certa medida, o fato de elas terem uma natureza corrupta e corruptível, como indicam textos como: "é da própria natureza das mulheres corromper os homens" (Olivelle, 2005, p. 105, tradução nossa, *Mānava-Dharmaśāstra* 2.213). As mulheres se tornariam perigosas até mesmo para homens instruídos que estejam sob influência da luxúria ou da raiva – ou melhor, elas se tornariam um perigo para si mesmas quando se colocam perto de pessoas em tais estados.

Nessa perspectiva, qualquer ato de violência de um homem contra uma mulher poderia acabar sendo considerado culpa da própria mulher que sofreu tal ato. O homem não seria o culpado, pois qualquer homem (até o mais instruído) pode ser desviado pelos poderes sensoriais causados pelas mulheres, a ponto de se recomendar que nenhum homem fique sozinho em um deserto com uma mulher, mesmo que ela seja sua mãe, sua irmã ou sua filha (*Mānava-Dharmaśāstra* 2.214).

Paradoxalmente, portanto, a afirmação da "falta de independência" das mulheres, que poderia ser vista como uma falta de responsabilidade legal sobre suas ações, acaba culminando, inversamente, na afirmação de culpa e responsabilidade das mulheres sobre ações que nem mesmo são cometidas por elas. Para a lei, conforme se aumentam as afirmações de dependência de uma mulher em relação ao homem, mais aparição elas têm no caso (Jamison, 2018b).

IMPORTANTE!

A despeito da religiosidade presente na Índia, há um forte machismo, que muitas vezes resulta na desvalorização das mulheres ou mesmo na violência contra elas.

Em virtude da situação da mulher, no ano de 2017, o artista indiano Sujatro Ghosh criou um projeto fotográfico em prol dos direitos femininos intitulado *The Cow Mask Project*, "Projeto da Máscara de Vaca" (Figura 5.1). Trata-se de um ensaio fotográfico com diversas imagens de mulheres com máscaras de vacas. Nele, a seguinte pergunta é feita: "é mais seguro ser um animal sagrado na Índia do que uma mulher?" (Safi, 2017, tradução nossa).

Ghosh aproveitou a tensão gerada pelos casos de mortes de "comedores de carne" por defensores dos direitos das vacas (Safi, 2018) para destacar a necessidade de se lembrar a importância do direito feminino. Assim, chamou a atenção da sociedade indiana para o fato de que a violência contra as mulheres permanece um problema recorrente, a despeito da valorização da vida (*ahiṃsā*) pela religiosidade indiana.

FIGURA 5.1 – *The Cow Mask Project*

juan moyano/Alamy/Fotoarena

Apesar disso, é preciso lembrar que a religião pode favorecer a valorização das mulheres na Índia. Um exemplo é o caso dos *Vedas*, que, para além de terem hinos dedicados a mulheres, afirmam a igualdade entre os gêneros "como duas rodas de uma carroça" (Hellern; Notaker; Gaarder, 2001, p. 51). Não é à toa, portanto, que Minoti Bhattacharyya (1988), uma mulher hindu, não desvalorizou o hinduísmo apontando-o como machista – antes, pelo contrário, indicou a possibilidade de, nos tempos védicos, homens e mulheres serem vistos como iguais em termos não somente educacionais, mas também religiosos. Contrariou a usual ideia de que os *Vedas* seriam hostis às mulheres, negando não somente as liberdades como a própria humanidade a elas (Basharat, 2009).

Além de receberem educação, as mulheres também, ao que tudo indica, poderiam ser mestres na Índia Antiga. Afinal, há uma considerável quantidade de menções e indicações da atividade do ensino sendo realizada por mulheres, inclusive no que diz respeito ao conhecimento religioso. Alguns textos védicos indicam os nomes de algumas sábias (*rishikas*) – Romaśā (*Rig Veda* 1.126.7), Lopāmudrā (*Rig Veda* 1.179), Apālā (*Rig Veda* 8.91), Kadrū (*Rig Veda* 2.6.8), entre outras (Mookerji, 1989) – o *Hārīta smṛti* fala das *brahmavādinīs*, que eram mulheres que não se casavam para se dedicar ao estudo e à prática dos ritos.

O gramático Pāṇini apresenta uma distinção interessante: diferencia os termos para "professora" (*ācāryā*) e "mulher do professor" (*ācāryānī*), assim como para "preceptora" (*upādhyāyā*) e "mulher do preceptor" (*upādhyāyānī*), indicando que as mulheres eram, ainda em seu tempo, não apenas estudantes, mas também professoras e preceptoras, sendo mestres que ensinavam os conhecimentos sagrados (Klostermaier, 2007).

Alguns autores, contudo, procuram ser bastante comedidos em suas afirmações, destacando que o fato de as mulheres realizarem papéis rituais no período védico, por exemplo, não deve ser confundido com competência ou educação religiosa. É o exemplo de Hartmut Scharfe (2002), que destaca, aliás, que as referências às sábias (*rishikas*) são demasiado tardias – incorporações posteriores, provavelmente. Há, portanto, um debate no qual existem autores que negam a valorização das mulheres nos tempos védicos, enquanto outros, como Radhakumud Mookerji (1989), buscam defender uma considerável diferença em relação aos tempos atuais.

No entanto, entre os *Vedas* e os tempos atuais, como já visto nos capítulos anteriores, há uma longa história. Assim, cabe indagarmos: Como as mulheres eram vistas ao longo desse processo?

Certamente o shaktismo, na adoração da grande deusa, apresenta uma considerável valorização da mulher (Klostermaier, 2007), porém tal valorização não está somente naquilo que é evidentemente direcionado à ênfase na importância religiosa das mulheres. Percebemos, entre os épicos, importantes apresentações positivas de mulheres heroicas, tais como Sītā, esposa de Rāma, e Draupadi, esposa dos cinco irmãos Pradavas (Klostermaier, 2007). Podemos, ainda, notar a importância de alguns textos no sentido de uma transformação de cosmovisões. Um exemplo está no *Mahābhārata*:

> O grande sábio Shvetaketu, segundo dizem, era um eremita. Certa vez, dizem, bem diante dos olhos de Shvetaketu e de seu pai, um brâmane agarrou a mãe de Shvetaketu pela mão e disse: "Venha comigo!". O filho ficou irado e não admitiu sua mãe ter sido levada à força daquela forma. Mas, quando seu pai viu que Shvetaketu estava bravo, disse-lhe: "Não fique bravo, meu filho. Este é o *dharma* eterno. As mulheres de todas as classes na terra não têm cerca; todas são criaturas que se comportam como vacas, meu filho, cada uma em sua classe". O filho não pôde tolerar esse *dharma* e fez uma cerca moral para homens e mulheres na terra, para seres humanos, mas não para as demais criaturas. E daquele momento em diante ouvimos essa cerca moral, que se firmou: uma mulher que é infiel a seu marido comete um pecado mortal que causa grande miséria, um mal tal como a morte de um embrião,

> e um homem que seduz a mulher de outro homem, quando é uma mulher que mantém seu voto com seu marido como uma virgem mantém o voto de castidade, esse homem também comete um pecado mortal na terra. (*Mahābhārata* 1.113.9-20, citado por Doniger, 2014, p. 543, tradução nossa)

O texto relata como o sábio Shvetaketu impôs a moralidade sexual à humanidade, mas também serve como alerta àqueles que, por serem brâmanes, xátrias ou simplesmente homens, se acham no direito de possuir qualquer mulher. Mesmo que o texto apresente uma proteção à mulher "de outro homem" e ainda indique uma especificação à mulher que "mantém seu voto com seu marido como uma virgem mantém o voto de castidade", há uma proteção às mulheres que não pode ser ignorada. Esse texto serve de fundamento para lembrar que as mulheres devem ser respeitadas, do mesmo modo que os grandes exemplos de Sītā e Draupadi nos épicos servem para lembrar que as mulheres devem ser admiradas.

Assim, fica claro que, apesar de haver textos que limitam as mulheres e enfatizam sua dependência e sujeição aos seus maridos, tidos como representação divina ou "deuses" para elas, sendo a fonte de salvação de uma mulher e o propósito de sua vida, pelo qual, conforme Klostermaier (2007), realiza seus *puruṣārthas*, também há textos que buscam valorizar as mulheres, protegendo-as de possíveis abusos por parte dos homens por meio da imposição de limites.

IMPORTANTE!

Há claros contrastes e ambiguidades nas atitudes e ideias hindus a respeito das mulheres, que não podem ser ignorados ou apagados para se afirmar este ou aquele elemento (Rambachan, 2001).

O *Mānava-Dharmaśāstra* também merece destaque quando pensamos na abordagem feita sobre o sexo feminino. O texto contém elementos de valorização das mulheres, ao afirmar que elas devem ser honradas e adornadas por seus pais, irmãos, maridos e cunhados, os quais desejam prosperidade para si mesmos (*Mānava-Dharmaśāstra* 3.55). A abordagem, contudo, também passa por algumas ambiguidades. Por exemplo, diz-se que, onde elas são honradas, os deuses estão satisfeitos, mas, onde não são honradas, nenhum rito surte efeito (*Mānava-Dharmaśāstra* 3.56), de modo que as famílias cujas mulheres são felizes prosperam (*Mānava-Dharmaśāstra* 3.57).

Outro ponto tratado diz respeito à ideia de que, se cabe à mulher satisfazer o homem, também se pode falar o inverso – mesmo que em medida diferente: "há sempre sorte na família onde o marido é sempre satisfeito pela esposa, e a esposa pelo marido" (*Mānava-Dharmaśāstra* 3.60, citado por Doniger; Smith, 1991, p. 67, tradução nossa).

Vemos, assim, que o *Mānava-Dharmaśāstra* é um grande exemplo da ambiguidade presente na relação com as mulheres dentro do hinduísmo. Muitos dos textos vistos até aqui servem de espelho para indicar formas particulares de conceber os papéis e a importância das mulheres ao longo da história.

IMPORTANTE!

A variedade e a pluralidade de religiosidades próprias do hinduísmo se refletem, também, na pluralidade de concepções sobre a mulher e seu papel. Essas diferentes especificidades aparecem, igualmente, no que diz respeito às atitudes das próprias mulheres, na interpretação e na prática, seja nos vilarejos, seja nas cidades (Patton, 2002). Nesse sentido, há uma busca por afirmar uma independência, assumindo-se o papel de serviço e obediência ao marido, ou viver em uma síntese entre a submissão e a revolução.

5.3 O sistema de castas e os intocáveis

De modo semelhante à relação com as mulheres, também a relação com os pobres é bastante complexa na Índia. Lá, os pobres são pessoas desfavorecidas não apenas economicamente, mas também socialmente – e isso se mostra ainda mais importante. Para grande parte dos hindus, os *dalits*, os "intocáveis", ou seja, as pesssoas que não fazem parte de uma das castas do hinduísmo, não são somente pobres – eles não são, de fato, hindus. Diferentemente do que se pode pensar, os "intocáveis" não são vistos, tradicionalmente, como a parte mais baixa da sociedade hindu, mas como pessoas que nem mesmo fazem parte dela. A visão tradicional pode ser a de que, se as castas são decorrentes do sacrifício do homem, Puruṣa, conforme o texto védico, não havendo menção aos *dalits* no texto, não há espaço para eles na ordem social.

Segundo o sociólogo Max Weber, o sistema de castas, assim como "os direitos e deveres rituais que este impõe", é, nada mais nada menos, que "a instituição fundamental do hinduísmo", de modo que "sem casta, não há nenhum hindu" (Weber, 1958, p. 29, tradução nossa). Da mesma forma, outros autores afirmam que ser hindu "implica ter nascido dentro de uma das castas reconhecidas" (Solís, 1992, p. 75, tradução nossa), ou seja, é necessário fazer parte desse sistema e adequar-se a ele para ser parte da religião como um todo. Tais perspectivas seguem a visão tradicional, a qual nega que os *dalits* possam ser considerados como parte da mesma religião ou do mesmo corpo social.

IMPORTANTE!

Ao contrário do que se pensa, os *dalits* não são uma pequena parcela da sociedade. Apesar de serem considerados como não pertencentes ao corpo social, são cerca de 200 milhões de pessoas, ou seja, aproximadamente 18% da população da Índia (Ponraj, 2012).

Mesmo que não sejam considerados pelos hindus ortodoxos como uma casta, os *dalits* também têm sido apontados como uma espécie de "nova casta", de modo que, estando também divididos em subcastas, tais como os demais grupos, formam subgrupos que em conjunto são chamados de *castas programadas*, apesar de os hindus mais ortodoxos os tomarem como *avarna*, "sem casta".

As especificações de trabalho dos *dalits* são lavar roupas sujas e encardidas, tarefa realizada pelos *dhobis*, "lavadores"; mexer com a carcaça de animais a fim de curtir e trabalhar o couro, tal como fazem os *chamars*; e limpar as cidades, que é o trabalho dos *bhangis* (Ponraj, 2012, p. 49). Ou seja, os *dalits* são responsáveis pelos trabalhos que os hindus consideram não somente depreciativos, mas também contaminadores, de forma que são considerados impuros e, por isso, contaminam as demais castas – vindo daí a ideia de serem "intocáveis".

Entretanto, a diferença entre os hindus de castas e os *dalits* vai para além do trabalho. Uma observação atenta revela profundas diferenças entre as crenças e práticas dos hindus tradicionais e as dos *dalits*, que, por conta disso, muitas vezes são considerados como "hindus rurais" – quando são considerados hindus.

A afirmação de que os *dalits* não são hindus se fundamenta não somente porque suas religiosidades são marcadas por práticas de magia e feitiçaria, mas também porque, em contraste com os hindus ortodoxos, os *dalits* muitas vezes comem carne. Tal como os muçulmanos, muitas vezes eles são perseguidos por isso, o que inclui linchamentos em defesa dos animais, como vimos anteriormente. Talvez seja por essa diferença em relação à carne que os mais pobres eram pejorativamente chamados pelos ricos de *Shva-Pakas*, "cozinheiros de cachorros", insinuando-se que comeriam cachorros e, pelo princípio de que "se é o que se come", seriam também, de certo modo, "cães" (Doniger, 2014).

Ainda segundo Doniger (2014), tal ideia deve ser levada em conta para se perceber o uso simbólico dos cães na literatura hindu, como uma espécie de referência aos pobres e mesmo aos *dalits*. O cachorro era considerado, na cultura indiana, o animal impuro por excelência, sendo o equivalente ao porco na cultura judaica. Mesmo assim, porém, aparece como figura importante em textos sagrados, a exemplo do *Mahābhārata*, que traz uma história que pode ser interpretada como uma lição de aplicabilidade social:

> Havia um asceta com tal bondade que até mesmo os animais carnívoros – leões, tigres, elefantes enfurecidos, leopardos, rinocerontes e ursos – eram seus discípulos. Um cachorro era seu companheiro, devoto, tranquilo, vivendo de raízes e frutos, com um coração como o de um ser humano. Um dia um leopardo faminto estava prestes a pegá-lo, quando o cachorro clamou que o sábio o salvasse. O sábio o transformou em um leopardo e então, quando um tigre atacou, tornou-o um tigre, e depois em um elefante, e um leão. Agora que era carnívoro, todos os animais o temiam, e ficavam longe, até que finalmente ele quis devorar o próprio sábio, que, lendo seus pensamentos, o transformou de volta em cachorro, sua forma própria por nascimento. O cachorro, triste e abatido, foi então expulso do eremitério pelo sábio. (*Mahābhārata* 12.115.1-12.119.20, citado por Doniger, 2014, p. 493, tradução nossa)

A expressão "sua forma própria por nascimento" utiliza o termo *jati*, "nascimento", que é o termo próprio das subcastas do hinduísmo. Assim, é possível identificar uma analogia implícita entre a diferença do sábio e do cão e a diferença entre as castas, uma vez que em ambos os casos há uma diferença por nascimento (*jati*). O cão que "cresce" e muda para outras formas pode servir como analogia aos *dalits* que crescem socialmente.

IMPORTANTE!

Levando-se em consideração a relação entre os cães e os pobres, ou seja, não somente os *dalits*, mas também os sudras, podemos entender que o relato serve como um aviso social: aqueles que promovem o desenvolvimento e a valorização das classes mais baixas não devem esquecer que a posição destas não é algo à toa, mas resultado de uma necessidade da própria ordem cósmica, do *dharma*.

Seguindo essa linha de pensamento – que obviamente não é a única possível –, uma pessoa rica promover em demasiado os pobres seria como transformar um cachorro em leopardo, tigre ou leão. Ela acabaria sofrendo o resultado em si mesmo, sendo "devorado" por aquele que ajudou. Tal visão mostra que a ordem social necessita que haja uma estratificação, sendo as castas não somente importantes, mas também necessárias. Evidentemente, podemos tomar o cão da história simplesmente por cão, porém, levando-se em conta a possibilidade de associação do cão com as classes pobres, a interpretação conduz o leitor às reflexões apresentadas.

De fato, para além do aspecto social e econômico, há hindus que rejeitam a atribuição do aspecto religioso aos *dalits*, afirmando que o estudo dos *Vedas*, por exemplo, cabe somente às classes altas. Valendo-se do texto citado, uma interpretação (carregada de preconceito) é a de que ensinar os conhecimentos religiosos às classes baixas seria como ensinar um cachorro a ser humano, tal como fez o sábio, ou seja, seria contrariar a própria ordem cósmica.

Assim, muitos separam o próprio hinduísmo dos *dalits*, que são sem casta. Além disso, muitos *dalits* adoram divindades com nomes diferentes daquelas dos hindus ortodoxos, de modo que, "apesar dos esforços de conversão" por parte dos hindus, os "intocáveis", segundo Ponraj, "ainda permanecem como não hindus com suas próprias religiões" (Ponraj, 2012, p. 73). Enquanto alguns autores, como Quigley (2003), procuram afirmar a possibilidade de um hinduísmo separado do sistema de castas, alguns *dalits*, a exemplo de Ilaiah (2003), preferem afirmar categoricamente que, de fato, os *dalits* não são hindus, rejeitando o hinduísmo.

Em seu livro intitulado *Por que não sou um hindu* (*Why I am not a Hindu*), Kancha Ilaiah rejeita os principais deuses do hinduísmo, tais como Indra, Brahma, Vishnu, Shiva, Krishna e tantos outros, afirmando serem deuses dos brâmanes, cujos relatos servem para valorizar feitos somente positivos conforme tal visão. O próprio Indra, por exemplo, é apontado como a divinização de um líder ariano que os brâmanes teriam considerado como um herói por ter matado centenas e milhares de *dalits* (Ilaiah, 2003). Nesse sentido, os deuses dos *dalits* seriam outros, sendo divindades próprias de aldeias, tais como Pochamma, que protege as aldeias de todas as doenças, Kattamaisamma, deusa da água, Polimeramma, deusa que guarda a fronteira da aldeia dos males externos, assim como Potaraju, deus que protege os campos (Ilaiah, 2003). Mas por que razão Ilaiah rejeitou os deuses do hinduísmo?

Apesar de não estar claro qual o sentido do *puruṣasūkta* no *Rig Veda* (10.90), esse mesmo texto serviu, posteriormente, para a fundamentação do sistema de castas, apresentando-as como sendo provenientes do sacrifício primordial, que deu origem a todo o Universo. Ou seja, o sistema de castas é apresentado como parte integrante do *dharma*, da ordem cósmica, já nos textos védicos. Porém, tal relação entre a ordem cósmica e as castas não está restrita ao período védico, fundamentando-se principalmente no período bramânico, mas permanecendo ao longo de toda a história do hinduísmo, de modo que aparece inclusive no *Bhagavad Gītā*, no qual Krishna afirma: "As quatro divisões da sociedade humana foram criadas por Mim, de acordo com os três modos da natureza material e o trabalho atribuído a eles" (*Bhagavad Gītā* 4.13, citado por Prabhupāda, 1985, p. 111).

Tal afirmação do *Bhagavad Gītā*, contudo, não indica que as "quatro divisões da sociedade humana" são definidas pelo nascimento, mas que estão "de acordo com os três modos da natureza material". Assim:

1. o verdadeiro brâmane é aquele que trabalha com "tranquilidade, autocontrole, austeridade, pureza, tolerância, honestidade, sabedoria, conhecimento e religiosidade" (*Bhagavad Gītā* 18.42, citado por Prabhupāda, 1985, p. 435);
2. o verdadeiro xátria é aquele que age com "heroísmo, poder, determinação, destreza, coragem na batalha, generosidade e liderança" (*Bhagavad Gītā* 18.43, citado por Prabhupāda, 1985, p. 435);
3. e os reais sudras e vaixás são aqueles que cuidam da "agricultura, a proteção das vacas e o comércio" (*Bhagavad Gītā* 18.44, citado por Prabhupāda, 1985, p. 435).

Dessa forma, os três modos da natureza fundamentam as quatro castas (*varṇas*), que são, tal como já elencado, os brâmanes, os xátrias, os vaixás e os sudras.

Neste ponto, podemos nos questionar: Será que o *Bhagavad Gītā* indica uma validação das castas, ou seja, dessas divisões sociais em virtude do nascimento? Para chegarmos a uma conclusão, vamos interpretar outro verso: "É melhor dedicar-se à própria ocupação, mesmo que a pessoa talvez a execute imperfeitamente, do que aceitar a ocupação de uma outra pessoa e executá-la perfeitamente" (*Bhagavad Gītā* 18.47, citado por Prabhupāda, 1985, p. 436).

Ao lermos o verso, podemos, por um lado, afirmar o sistema de castas mediante a compreensão de que cabe a cada um realizar o trabalho que lhe é proposto, mesmo que prefira (realize "perfeitamente") outro tipo de trabalho. O nascimento, nesse sentido, seria mais importante que a aptidão e a autorrealização.

Por outro lado, podemos também entender, tal como Prabhupāda (1985, p. 436-437), que "um homem que por natureza é atraído ao tipo de trabalho feito por sudras não deve declarar-se brâmane artificialmente, ainda que tenha nascido numa família de brâmanes". Ou seja, nessa interpretação, entende-se por verdadeiro brâmane não quem nasce em uma família de brâmanes, mas quem tem uma natureza material própria dos brâmanes. Nascer numa família brâmane não faz de ninguém um brâmane e, se alguém nascer em família brâmane e buscar um trabalho brâmane, tendo natureza de outro tipo, será na verdade um "brâmane artificialmente".

Seguindo esta segunda interpretação, muitos hindus encontram o fundamento religioso para viverem sua vida para além daquilo que estaria predeterminado por seu nascimento. Podem, portanto, seguir os próprios interesses e aptidões, para além daquilo que é próprio às suas castas, ou seja, ao trabalho de suas famílias.

IMPORTANTE!

Na Índia atual, a divisão entre as castas não está tão evidente quanto costumava ser há séculos, de modo que, hoje, de acordo com Klostermaier (2009, p. 6), "os brâmanes podem ser homens de negócio ou produtores rurais, e sudras podem ocupar posições elevadas no governo".

Independentemente da interpretação atual que esse texto tenha recebido, o fato é que as castas se firmaram e se fundamentaram como a base da sociedade indiana e, em grande medida, do próprio hinduísmo. Isso evidencia a dificuldade que é tentar desvincular a religião hindu do sistema de castas. Um exemplo nesse sentido é a força que outras religiões têm ganho dentro da Índia por serem, em grande medida, o "refúgio" encontrado por *dalits*, que, apesar de serem excluídos e relegados a um papel secundário no hinduísmo, podem ganhar destaque e importância em outras religiões.

É o caso do budismo, religião para a qual Bhimrao Ramji Ambedkar – um dos principais formadores da Constituição da Índia, que era de origem *dalit* – não somente se converteu, mas também "levou junto consigo milhões de outros excluídos" (Klostermaier, 2009, p. 6). Por conta desse elemento, não somente se formou o movimento budista *dalit* (ou "movimento neobudista") na Índia, mas também inúmeros *dalits* se converteram ao cristianismo, de modo que, hoje, cerca de 80% dos cristãos na Índia têm um histórico *dalit* ou tribal (Ponraj, 2012), ou seja, eram excluídos ou marginalizados quando estavam dentro do hinduísmo.

Ao longo do tempo, no entanto, para além das quatro *varṇas*, a sociedade hindu também se dividiu em cerca de três mil subcastas, definidas por nascimento (*jāti*). Assim, cada hindu, quando nasce, já se encontra não somente dentro de uma das quatro *varṇas*, mas também dentro de uma *jati* entre as milhares de *jatis* existentes, a qual pode estar explícita até mesmo em seu sobrenome, como é o caso de Mahatma Gandhi: o famoso idealizador do moderno Estado indiano recebeu esse prenome como apelido, uma vez que *Mahatma* significa "grande alma". Seu nome de nascimento, porém, era Mohandas Karamchand Gandhi, ou seja, já tinha o "Gandhi" por sobrenome. Tal nome também tem um significado, marcando-o tanto em termos de *varṇa* como de *jāti*: *Gandhi* significa "vendedor de perfume", sendo um sobrenome próprio da *varṇa* dos vaixás, ou seja, dos comerciantes, e da *jāti* dos vendedores de perfume.

Atualmente, por influência do próprio Gandhi, é proibido externar qualquer desqualificação e preconceito contra os "excluídos" – os quais eram chamados de *harijan*, "filhos [povo] de Hari [deus]", por Gandhi – pelo fato de não terem uma casta. Na verdade, algumas pessoas de origem *dalit*, a exemplo de Ambedkar, fizeram parte do próprio processo de formação da Índia, afinal, o governo da Índia, em sua formação, seguiu a orientação deixada por Gandhi, que lutava pelos direitos dos "excluídos".

Nem por isso, entretanto, Gandhi ou o governo se colocaram contra a existência das castas, que permaneceram a despeito das transformações sociais. Ficou evidente, portanto, que a Índia independente entendeu que o sistema de castas, tradicionalmente estruturado e fundamentado na história do hinduísmo, não deveria ser anulado pelo Estado recém-formado. Era algo que competia à tradição, e não à legislação.

O que o governo se propôs a fazer foi verificar e auxiliar as pessoas que se encontram em dificuldades sociais e econômicas. Assim, a Constituição da Índia não apagou o sistema de castas, mas promoveu o reconhecimento das classes mais baixas e daqueles sem classe, definindo-os a fim de poder auxiliá-los e colaborar para seu desenvolvimento.

Nesse panorama, foram classificadas quatro categorias sociais, definidas pelo governo, que levam em conta as castas, mas que vão além delas. De acordo com Ponraj (2012), são elas:

1. **Classes avançadas**: são cerca de 15,4% da população da Índia, formada pelas pessoas pertencentes às três castas superiores, ou seja, brâmanes, xátrias e vaixás, que não precisam do auxílio do governo pelo fato de já estarem em condição financeira favorável.
2. **Classes atrasadas**, ou **outras classes atrasadas**: são pessoas pertencentes à classe dos sudras, que precisam de certo auxílio para desenvolvimento econômico, mas não deixam de fazer parte do sistema de castas, tendo mais espaço no corpo social e representando 57,5% da população. Afinal, mesmo que os sudras sejam considerados uma das quatro castas, sempre estiveram à margem das demais, ficando limitados a trabalhos

servis e, no nível religioso, sendo distinguidos pela denominação de *ekajas*, "nascidos uma vez", em contraste com os membros das outras três classes, denominados *dvijas*, "nascidos duas vezes" (Aktor, 2018).

3. **Castas programadas**: são formadas pelos *dalits*, também chamados de *intocáveis* ou *párias*, que são cerca de 18,1% da população e que se encontravam excluídos do corpo social, necessitando ser não somente inseridos, mas também auxiliados a fim de se desenvolverem economicamente.
4. **Tribos programadas**: são os grupos de pessoas que, vivendo longe dos grandes centros urbanos, precisam de acompanhamento mais próximo do governo, a fim de que seus problemas econômicos sejam sanados e se tornam realmente integrados na vida nacional indiana, sendo 9,5% da população.

5.4 Em vista de novos tempos

Pela íntima relação entre religião e sociedade na Índia, por conta do hinduísmo, não é fácil determinar o que cabe ser definido pelo Estado e o que compete à tradição, seja ela religiosa, seja ela familiar. Assim, a cada ano, a Índia é marcada por novos tempos, com profundas transformações e mudanças nos níveis legal e cultural, a despeito das permanências em inúmeras áreas.

Também podemos perceber mudanças consideráveis na própria literatura, como no caso da aparente valorização dos *dalits* em uma história do *Rāmāyaṇa* sobre um cachorro. Na história, um cão reclama para Rāma que os cães não podem entrar em palácios, templos ou mesmo na casa de brâmanes e aproveita para comentar sobre um pedinte brâmane que, faminto e bravo, bateu no cachorro sem ter razão. Tomando ciência da situação, Rāma permite que o próprio cachorro decida o destino do brâmane que bateu nele injustamente, solicitando que aquele se tornasse líder de uma seita tântrica, uma vez que, tendo sido um líder assim em vida passada, o cão sabe bem como tal posição pode conduzir um homem a um verdadeiro inferno. Com tal destino escolhido, o brâmane sai contente, e percebe-se que o cachorro é, como afirma Doniger (2014, p. 496), "moralmente superior ao brâmane", sendo por tal razão tratado com maior respeito por Rāma do que o brâmane o foi.

Assim, tomando-se o cachorro como símbolo da impureza, tendo em vista essa história, é possível afirmar duas coisas: 1) apesar da hierarquia existente no mundo, ninguém deve agir com injustiça para com o outro, mesmo que lhe seja socialmente "inferior"; assim, por agir com injustiça, até mesmo um brâmane pode ser condenado por um cachorro; 2) apesar da hierarquia existente no mundo, isso não implica necessariamente uma diferenciação moral – até mesmo um cachorro pode ser "moralmente superior" a um brâmane.

Em um texto de 1977 que foi depois republicado, Jacobson (2006, p. 66, tradução nossa) já indicava que casamentos entre castas diferentes ocorriam "com frequência crescente, especialmente nas cidades", embora permanecessem sendo desaprovados pela vasta maioria dos indianos. Assim, desde o *Special Marriage Act*, "Ato Especial de Casamento", em 1954, que afirmou a liberdade de casamentos entre castas, o número de casamentos desse tipo tem aumentado a cada ano.

PRESTE ATENÇÃO!

Os casamentos entre castas diferentes muitas vezes são apresentados pelo Estado como um elemento de interesse nacional, servindo como fator de unificação do país.

É evidente que casamentos desse tipo ocorriam já nos tempos das *Leis de Manu*, porém eram em menor número e, claro, considerados como um terrível pecado:

> Nenhuma história menciona uma mulher *śūdra* como esposa de um brâmane ou um rei, mesmo em casos extremos. Os homens nascidos duas vezes que são tão apaixonados a ponto de casar com uma mulher de casta baixa reduzem suas famílias, incluso sua descendência, ao *status* de *śūdra*. Um brâmane que divide a cama com uma mulher *śūdra* vai para o inferno; se ele fizer um filho nela, ele perde o *status* de brâmane. Nenhuma redenção é prescrita para o homem que beber a saliva dos lábios de uma mulher *śūdra* ou ser atraído por seu hálito, ou que fizer um filho nela. (*Mānava-Dharmaśāstra* 3.14, 16-17, 19, citado por Doniger, 2014, p. 263, tradução nossa)

Para a cultura do contexto do *Mānava-Dharmaśāstra*, portanto, um homem brâmane casar com uma mulher sudra era considerado um pecado cuja consequência era a desgraça nesta vida, pela perda do título de brâmane, e na eternidade, pela condenação ao inferno. Hoje, porém, muitos hindus têm questionado não somente a proibição do casamento entre castas, mas também o próprio sistema, a ponto de se afirmar a possibilidade de se pensar o hinduísmo separadamente dele (Quigley, 2003).

A validade do sistema de castas é questionada pelo fato de que, conforme Bayly (2001, p. 25, tradução nossa), "não é e nunca foi um fato fixo", uma vez que é o resultado de uma composição de ideias e práticas que foram "feitas e refeitas em vários códigos de ordem moral ao longo de centenas ou milhares de anos".

IMPORTANTE!

Apesar de as castas estarem presentes na religiosidade dos hindus, é possível pensar o hinduísmo de forma a deslocar o sistema de castas a um caráter secundário.

Ao mesmo tempo, há quem indique a necessidade de se cuidar dos limites das reformas a serem realizadas dentro da Índia. Mahatma Gandhi, por exemplo, apesar de ter lutado pelos direitos dos excluídos na Índia e ter sido, em grande medida, o maior entre todos os ícones dessa luta, "insistiu em preservar a sociedade de castas" (Klostermaier, 2009, p. 6). Por outro lado, Gandhi criticou duramente a ideia de "intocabilidade" das pessoas excluídas do sistema de castas e lutou contra ela, afirmando que tal postura era uma "atrocidade social e religiosa" (Bayly, 2001, p. 249, tradução nossa).

Em sua luta em prol da justiça, Gandhi procurou indicar elementos que, apesar de culturais, eram nocivos não somente à sociedade, mas também à própria religiosidade dos hindus. Não negou, portanto, a autoridade dos preceitos religiosos, mas buscou revitalizar a religião por meio de uma consciência social.

Historicamente, tal modo de transformação, de dentro para fora e não de fora para dentro, mostrou-se muito efetivo. Isso quer dizer que, para que as mudanças sociais ocorram de forma mais rápida e profunda na Índia, elas devem partir de líderes religiosos e referências espirituais que estejam em concordância com as mudanças sociais propostas, e não de determinações estatais, "de cima para baixo", sobre a população. Afinal, como afirmou Knott (1998, p. 81, tradução nossa), "os assuntos de casta e gênero não são simplesmente questões sociais que demandam uma resposta secular", uma vez que são "apoiados por ideias religiosas e mantidos por costumes rituais".

O mesmo vale para o machismo e os sérios problemas decorrentes dele: com o apoio das lideranças religiosas e sociais, o machismo poderá ser combatido com maior eficácia. Além disso, o processo de libertação espiritual, tão desejado no hinduísmo, deve resultar também em uma libertação física e moral das mulheres. Uma vez que se compreenda que o aprisionamento cultural das mulheres é fruto da ganância, expressa no desejo de possuir, dominar e controlar outros seres humanos, será possível perceber que, consequentemente, "a libertação das mulheres, a fim de serem seres completos, é uma condição necessária para a verdadeira libertação" (Rambachan, 2001, p. 37, tradução nossa).

Tal libertação será possível, em grande medida, pela transformação de uma perspectiva cultural que, hoje, está sendo desconstruída, mas que, infelizmente, levará tempo para ser considerada "passado". Afinal, é uma cultura que se fundamenta em uma diferenciação entre homem e mulher em termos não somente de valor, mas também de qualidades inerentes, a qual está presente em ideias inconscientes, em tradições e, até mesmo, em ditados populares.

Jacobson (2006) conta que, em alguns lugares da Índia rural, mulheres e homens promíscuos são comparados a potes, a fim de marcar a diferença entre eles: as mulheres são comparadas a potes de barro, que, uma vez contaminados, não podem mais ser limpos; em contraste, os homens são comparados a potes de metal, que, caso venham a ser contaminados, podem ser facilmente limpos com água.

É relevante considerar, no entanto, as profundas transformações que a Índia já visualizou nos últimos tempos. Afinal, contrariando a usual afirmação de se tratar de uma cultura puramente machista, a Índia foi um dos primeiros países a serem liderados por uma mulher: Indira Priyadarshini Gandhi (1917-1984), filha de Jawaharlal Nehru. Ela foi primeira-ministra da Índia entre 1966 e 1977 e entre 1980 e 1984 (Martins, 2006). Outras mulheres também alcançaram influência política e "em nenhum outro país do Terceiro Mundo há tantas mulheres trabalhando fora de casa" (Hellern; Notaker; Gaarder, 2001, p. 51).

Dessa forma, afirmar que o hinduísmo é uma religião machista por conta das dificuldades que a Índia enfrenta, seria o mesmo que afirmar que o cristianismo é uma religião machista pela forma como muitos cristãos trataram e ainda tratam as mulheres. Aparentemente, essa visão negativa e generalista da cultura indiana como "machista" foi uma das críticas mais recorrentes ao documentário *Filha da Índia* (*India's Daughter*), dirigido por Leslee Udwin, que acabou sendo proibido na Índia. Porém, cabe lembrar que o documentário, mesmo com essas críticas, tem um importante papel de conscientização a respeito da seriedade do problema enfrentado no país.

Seja como for, não devemos nos iludir: o machismo é um problema que assola todos os países e que está presente, infelizmente, em todas as religiões do mundo, mesmo que se manifesta com intensidades diferentes. Afinal, todas as religiões, para além de textos e preceitos, são formadas por seres humanos, que tendem a adaptar suas crenças às suas vontades e, principalmente, àquilo que assumem como pressuposto em suas vivências. Todas as religiões, portanto, têm como desafio o enfrentamento desse gigantesco problema, mesmo que, no caso do hinduísmo e da Índia, tal problema seja mais explícito que em outros contextos.

Síntese

Ao contrário de praticamente todas as outras religiões – com exceção de algumas, a exemplo do Islã –, o hinduísmo não é somente uma religião, mas também um sistema social. Com a formação do Estado da Índia, essa compreensão foi necessária para a definição dos limites de atuação do governo em relação à vida dos indianos. Mesmo assim, inúmeros conflitos ainda ocorrem entre a lei secular, definida pelo Estado, e o direito tradicional, transmitido pela família e pelas lideranças religiosas.

Um exemplo disso é o casamento. Na Índia, é uma tradição que os pais decidam com quem seus filhos deverão casar. Tal tradição, mesmo que restrinja de certo modo a liberdade dos indivíduos, não recebe oposição do governo. No entanto, a legislação indiana tem colocado limites quanto à idade mínima para se casar, sendo 18 anos para as mulheres e 21 anos para os homens. Mesmo assim, casamentos de "noivas-crianças" continuam ocorrendo irregularmente, com casos de crianças de 15, 10 ou mesmo 5 anos de idade sendo forçadas por seus pais a se casarem.

A mudança na legislação foi sugerida por conta da situação de estupros dentro dos casamentos. Como o sexo matrimonial forçado é permitido pela lei, foi decidido pelo governo indiano impor uma restrição de idade para o casamento, sendo ela definida em 18 anos. Mesmo com a reformulação de tal lei, fica evidente que a tendência à desvalorização das mulheres ainda é muito forte no contexto indiano. Isso encontra, em parte, fundamentação em textos importantes para o hinduísmo, tais como as *Leis de Manu*. O que é possível notar é que, pelos costumes locais, essa tendência é associada à importância de os homens cuidarem de suas mulheres, de as protegerem e valorizarem.

Além do caso das mulheres, a sociedade indiana tem sofrido fortes pressões também pela cobrança de direitos por parte dos *dalits*, os "excluídos" ou "intocáveis", que não fazem parte de nenhuma das castas indianas. Muitas vezes, eles não são nem ao menos considerados hindus, de modo que muitos têm assumido uma postura de oposição ao que denominam *supremacia brâmane*, apresentando a história da Índia e, até mesmo, do próprio hinduísmo, com base em uma dicotomia entre opressores e oprimidos.

Apesar de todas essas dificuldades – com relação ao casamento, às mulheres ou aos "intocáveis" –, a Índia tem apresentado uma considerável mudança, modernizando-se ao mesmo tempo que busca manter o valor de suas tradições. Nesse duplo processo entre tradição e modernização, não é fácil indicar quais devem ser os limites, de modo que a tendência geral tem sido – tal como ocorre na política brasileira dos últimos tempos – a escolha por um ou outro extremo.

Mesmo que não seja fácil, para aquele que estuda o hinduísmo fica o desafio de buscar entender a Índia e sua sociedade não pelo viés de um desses extremos, mas levando em conta as ambiguidades e as pluralidades que, em grande medida, são a marca do próprio hinduísmo.

Atividades de autoavaliação

1. Legalmente, qual é a idade mínima, hoje, para uma mulher se casar na Índia?
   A] 13 anos.
   B] 15 anos.
   C] 18 anos.
   D] 21 anos.
   E] 10 anos.
2. Como se chamava a prática na qual as viúvas eram sacrificadas na pira funerária de seus maridos?
   A] *Rishikas*.
   B] *Varna*.
   C] *Jati*.
   D] *Sati*.
   E] *Puruṣa*.
3. Como se chama o grupo de excluídos indianos, que não fazem parte de nenhuma das quatro castas?
   A] Brâmane.
   B] *Dalit*.
   C] Sudra.
   D] Xátria.
   E] Vaixá.

4. Que sobrenome indica uma casta de xátria e uma subcasta de vendedor de perfumes?
   A] Gandhi.
   B] Nehru.
   C] Ilaiah.
   D] Ambedkar.
   E] Prabhupāda.
5. Que importante ativista indiano, engajado na luta pelo direito dos excluídos na Índia, insistia na importância da preservação do sistema de castas?
   A] Kancha Ilaiah.
   B] Bhimrao Ramji Ambedkar.
   C] Leslee Udwin.
   D] Mahatma Gandhi.
   E] Dilip Loundo.

Atividades de aprendizagem

Questões para reflexão

1. Atualmente, no Brasil, há um forte debate sobre os limites da intervenção do Estado na vida dos cidadãos. Você concorda que o Estado possa interferir no que diz respeito ao casamento? Você acha que a delimitação do casamento para mulheres acima de 18 anos de idade foi uma medida válida por parte do Estado? Por quê?
2. Analisando-se a sociedade indiana, é possível perceber facilmente a grande dificuldade em relação ao machismo. Porém, a causa desse machismo é difícil de se determinar, de modo que até mesmo a religião hindu pode fortalecer tal elemento cultural. Que elementos na religião hindu dizem respeito ao machismo? Justifique sua resposta.

Atividade aplicada: prática

1. Pesquise sobre o documentário *Filha da Índia* (2015) e, em seguida, escreva um texto a respeito do caso, analisando-o à luz das concepções do hinduísmo no que se refere à sociedade e às diferenças entre homens e mulheres na Índia, conforme o que foi estudado neste capítulo. Apresente um texto de opinião em que você justifique a posição assumida por meio da menção a fatos e conceitos aprendidos na leitura.

6 OS PRINCÍPIOS DE VIDA NO HINDUÍSMO

No presente capítulo, buscaremos apresentar quais são os princípios de vida no hinduísmo e de que forma eles se relacionam com as doutrinas e perspectivas já descritas até aqui. Procuraremos explicitar o aspecto dessa religião que afeta e estabelece padrões de vida social e individual, de acordo com os quais os hindus buscam viver. Para isso, explicaremos não só a lógica hindu dos *Āśramas*, as "fases da vida", mas também as *Ṣaḍdarśanas*, as seis filosofias hindus, e as ações entendidas como *Prāyaścitta*, compreendidas como expiações. Por fim, trataremos das peregrinações.

6.1 *Āśramas*: as fases da vida

Atualmente, para além da constituição da sociedade em diferentes castas, *varṇas*, o hinduísmo também propõe, de modo mais prático, a divisão da vida de cada crente em diferentes estágios, denominados *āśramas*. Na concepção tradicional hindu, tais elementos estão relacionados de tal forma que são, conjuntamente, o próprio coração da constituição social do hinduísmo, denominada *varṇāśramadharma*, ou seja, "*dharma* das *varṇas* e *āśramas*" (Olivelle, 2018b). Chega-se ao ponto de se afirmar, no *Viṣṇu Purāṇa* (3.8.9), que "A Suprema Personalidade de Deus, o Senhor Vishnu, é adorada pela realização apropriada dos deveres prescritos no sistema de *varṇas* e *āśramas*" (Tinoco, 1992, p. 114).

Não é à toa, portanto, que ambos os elementos foram extensamente tratados nos *Dharmaśāstras*, apesar de muitos *Dharmasūtras* sequer mencionarem o termo *varṇāśramadharma* ou mesmo *āśrama* (Olivelle, 1993).

Contudo, enquanto as castas, *varṇas*, dizem respeito ao que os ocidentais caracterizam como um elemento social, as fases da vida, *āśramas*, por terem aplicação individual, estão muito mais próximas daquilo que entendemos por cultural. Isso ocorre mesmo que essas fases da vida individual afetem a relação de cada indivíduo com seu entorno social, agindo para com este de acordo com a fase na qual se encontra.

Podemos afirmar, portanto, que as duas pedras angulares do *dharma*, na visão do hinduísmo, são as *varṇas*, que dizem respeito principalmente à sociedade, e as *āśramas*, que dizem respeito principalmente ao indivíduo (Olivelle, 1993). Ou, nas palavras de Correa (2012, p. 56, tradução nossa), "o primeiro serve como meio de ordenação da sociedade e o segundo serve para a ordenação diacrônica da vida de um indivíduo".

Mesmo assim, devemos entender que nem as castas são totalmente sociais, nem as fases da vida são totalmente individuais. As castas, por exemplo, para além de uma divisão social, servem também como uma identidade pessoal. Assim, cada indivíduo pertencente a uma das quatro castas deve "cumprir e atuar com os direitos e deveres que identificam a casta e a separam das outras", de modo que os brâmanes devem ensinar os *Vedas* e realizar os sacrifícios aos demais, os xátrias devem proteger o povo, os vaixás devem se dedicar ao comércio e à agricultura, e os sudras devem servir as demais classes (Correa, 2012, p. 54, tradução nossa).

De modo semelhante, as fases da vida também não são completamente individuais. Afinal, para além de definirem o modo de vida de um indivíduo, também indicam a forma de relacionamento que ele deve estabelecer com o seu entorno, tanto no nível familiar como no nível social. Nesse sentido, tanto as *varṇas* como as *āśramas* dizem respeito às responsabilidades de cada hindu com as demais pessoas e com o próprio hinduísmo, quando compreendido como uma realidade social, para além de uma religião (na compreensão que se admite desse termo no Ocidente), conforme apresentado no capítulo anterior.

Mas, afinal, o que são e quais são tais fases da vida, segundo o hinduísmo? Conforme a tradição dessa religião, há quatro fases (*āśramas*) na vida de um homem: *brahmacharya*, *gṛhastha*, *vānaprastha* e *saṃnyāsa*. Trataremos de todas elas nesta seção. No entanto, precisamos partir do início simbólico, cuja importância é essencial.

O hindu começa sua vida como indivíduo de fato quando passa por um rito de iniciação denominado *upanayama*, "trazer para perto", ou *vratabandha*, "voto de amarração". Quando completa certa idade, recebe um "cordão sagrado" denominado *yajñopavīta*, um "laço para adoração", que representa que ele nasceu pela segunda vez, tornando-se *dvija*, "duas vezes nascido" (*Atharva Veda* 19.17). Segundo os *Dharmaśāstras*, essa idade dependerá da casta, como aponta Tinoco (1992, p. 103), podendo variar entre 8 e 12 anos de idade (8 anos para o brâmane, 11 para o xátria e 12 para o vaixá).

Esse rito, contudo, pela sua grande importância, envolve toda uma preparação por parte dos envolvidos. Assim, no dia anterior ao evento, todos os que participarão do ritual se purificam com elementos rituais, como esterco de vaca, convocando os deuses e afastando os maus espíritos, bem como ajeitam o cabelo do menino que será iniciado, que faz voto de silêncio. No dia seguinte, o menino se alimenta junto à sua mãe – normalmente em seu colo – pela última vez. Em seguida, seu cabelo é cortado, com exceção de uma pequena parte, que é mantida, denominada *śikhā*, e que serve como símbolo da linhagem patrilinear. Depois, o menino é banhado e tem açafrão esfregado em seu corpo por suas irmãs (Michaels, 2016).

Após esses passos é que o *upanayama* realmente acontece: o garoto "nasce novamente", sendo dedicado como asceta, como pupilo e como homem. Como asceta, recebe o cordão sagrado (*yajñopavīta*) e ganha de seu pai elementos como pele de antílope e um bastão, simbolizando as posses de um asceta. Como pupilo, é colocado sobre uma coberta junto com o sacerdote, que lhe ensina o *Gāyatrī Mantra*, um texto dos *Vedas* (*Rig Veda* 3.62.10), que diz: "Possamos tornar nossa aquela desejável glória do deus Savitar [Sol], que guiará nossos pensamentos" (*Rig Veda* 3.62.10, citado por Jamison; Brereton, 2014, p. 554, tradução nossa). Como homem, o iniciado acende o fogo sagrado de seu lar, coloca *ghee* (um tipo de manteiga) e grãos no fogo e anda em volta deste três vezes (Michaels, 2016). Simbolicamente, tornou-se um homem, podendo acender o fogo sagrado e, no futuro, casar e formar a própria família.

É depois de tal ritual de iniciação que o hindu passa para a primeira fase de sua vida, quando se torna ***brahmacarya***, um estudante celibatário e devotado ao estudo dos *Vedas*. Ele busca aprender sobre a religião morando na casa de um guru, responsável pelo seu ensino. Sua primeira fase da vida, portanto, é como *brahmacarya*, ou seja, como aluno, dedicado ao estudo, e pupilo, sob a orientação de um mestre (guru).

PRESTE ATENÇÃO!

O próprio termo *brahmacarya* significa "procurar ou praticar o *Brahman*", indicando o caráter religioso desta primeira fase da vida de um hindu, a qual é marcada, para além do estudo dos *Vedas*, pela adesão a uma série de regras disciplinares, incluindo o celibato – de modo que o termo *brahmacarya* chegou a ser equivalente a "celibato" em alguns contextos (Lubin, 2018a) –, mas também pela postura de servir ao seu mestre, obedecer a ele e, inclusive, dormir no chão (Lubin, 2018a).

Segundo o *Baudhāyana Gṛhyasūtra* 3.2.3 (citado por Lubin, 2018a, p. 108, tradução nossa), "há um regime para ser observado para cada seção", ou seja, para cada parte dos *Vedas* aprendida pelo estudante, este deveria seguir um conjunto diferente de obrigações, tais como vagar pela floresta ou ficar em completo silêncio (Lubin, 2018a). Apesar dessas restrições, o estudante dos *Vedas* se destaca por esse fato, uma vez que tal estudo lhe torna diferenciado, marcando sua pertença aos *Āryas*, "nobres". Isso indica que ele é procedente de uma das três castas superiores, ou seja, dos brâmanes, xátrias ou vaixás (Lubin, 2018a).

No entanto, para além disso, o estudo dos *Vedas* servia como um sistema de educação geral, de modo que as restrições que o acompanhavam contribuíam no sentido de educar o estudante em sua formação ética e em termos de solidariedade social (Lubin, 2018b), tendo de mendigar para se alimentar, por exemplo, para aprender e perceber a realidade pela visão daquele que tem fome.

Após esse período, o formado nos Vedas (*snātaka*) poderia escolher continuar como *brahmacarya*, aderindo ao celibato e rejeitando a possibilidade de formar família, ou poderia tomar um banho ritual e, depois, voltar à sua família (*samāvartana*), ou melhor, à família de seus pais, a fim de que, logo que possível, pudesse contrair matrimônio e formar a própria família (Olivelle, 1993).

No contexto védico, os casamentos deveriam ser em uma ordem: primeiro se casaria o primogênito de uma família e, por último, o caçula, seguindo-se a ordem de nascimento (Tinoco, 1992). Além disso, os casamentos, segundo as tradições védicas, deveriam seguir também tipos diferentes, de acordo com cada casta: entre os brâmanes, o pai da noiva poderia escolher um noivo virtuoso ou ainda um sacerdote, assim como o noivo também poderia procurar o sogro a fim de propor casamento à sua filha; entre os xátrias, a iniciativa partia dos noivos; entre os vaixás, o noivo deveria apresentar presentes a fim de angariar o favor do sogro pretendido; e os sudras deveriam ritualisticamente "raptar" ou "embriagar" suas noivas, simbolizando a própria vileza com a qual eram associados. Observe, no Quadro 6.1, um resumo desses costumes.

Quadro 6.1 – Casamentos na tradição védica

Casta	Tipo	Característica
Brâmane	*Brāhma*	O pai da noiva escolhe um noivo pela virtude e o convida para casar com sua filha
	Daiva	O pai da noiva escolhe um sacerdote e oferece sua filha em meio a um sacrifício realizado por este
	Ārṣa	O noivo procura o futuro sogro, oferecendo um casal de bois para ser sacrificado aos deuses
	Prājapatya	O sogro escolhe o genro e abençoa o casal
Xátria	*Gāndharva*	A iniciativa partia dos noivos conjuntamente
Vaisya	Āsura	Um noivo oferecia presentes à família da noiva, visando consentimento para se casar com ela
Sudra	*Rākṣasa*	O noivo raptava a noiva com violência
	Paiśāca	O noivo embriagava a noiva para seduzi-la

Fonte: Tinoco, 1992, p. 108.

Alguns tipos de casamento, porém, eram possíveis para outras castas, a exemplo do *Rākṣasa*, o rapto da noiva, que poderia ser realizado pelos xátrias, caso não fosse possível um acordo com a família da noiva (*Gāndharva*) ou ainda caso a noiva fosse de uma família xátria, uma vez que os xátrias não deveriam aceitar presentes (Jamison, 2018a). Tal rapto, porém, deveria ser ao mesmo tempo ritualístico e violento, de modo que o noivo mostrasse violência para com a família da noiva, mas também realizasse passos tranquilos próprios de uma cerimônia matrimonial (Jamison, 2018a). Hoje, como já indicado, os casamentos são realizados de forma bastante diferente: cabe aos pais, conforme vimos no capítulo anterior, a responsabilidade de escolher com quem seus filhos deverão casar.

Casando-se, então, o homem se torna ***gṛhastha***, "senhor do lar", iniciando a segunda fase de sua vida. Seu grande objetivo nessa fase é fazer filhos, a fim de dar continuidade à sua linhagem, pagando a "dívida" que todos têm para com seus antepassados. Tendo um filho homem, consideraria tal "dívida" como "paga" (Tinoco, 1992).

IMPORTANTE!

Cabe ao homem, nesse segundo período da vida, *gṛhastha*, formar sua família como um todo, manter sua casa por meio de seu trabalho e participar da vida social.

Tal passagem de *brahmacarya* para *gṛhastha*, contudo, não significava que o homem deveria parar de estudar os *Vedas*, especialmente se fosse um brâmane, como se pode perceber na indicação das regras para um brâmane *gṛhastha*, segundo as *Leis de Manu*:

> Tendo morado com um mestre durante a quarta parte da vida de um homem, um brâmane deve viver a segunda parte de sua existência em sua casa, depois de ter casado. Um brâmane deve buscar um meio de subsistência que não cause dor aos outros, ou a menor possível, e viver disso, a não ser em tempos difíceis. Para o fito de ganhar sua subsistência, seja-lhe permitido acumular propriedade seguindo essas ocupações irrepreensíveis prescritas para sua casta, sem fatigar demais seu corpo. [...] Que nunca siga os caminhos do mundo, para subsistir; que viva a vida pura, correta e honesta de um brâmane. Quem desejar a felicidade deverá esforçar-se por ter uma disposição perfeitamente satisfeita e controlar-se, pois a felicidade tem o contentamento por raiz, sendo a indisposição a raiz da infelicidade. [...] Que evite todos os meios de adquirir riqueza que impeçam o estudo dos Vedas; que se mantenha de

> qualquer maneira, mas estude, porque essa devoção ao estudo dos Vedas garante a realização de seus objetivos. Que ande aqui na terra, trazendo suas roupas, fala e pensamentos em conformidade com sua idade, ocupação, riqueza, sabedoria sagrada e sua casta. (*Mānava-Dharmaśāstra* 4.1-3, 11-12, 17-18, citado por Renou, 1964, p. 88-89)

Nesse texto, também fica evidente que, apesar de a fase como *gṛhastha* ser usualmente indicada como a fase de se desfrutar dos prazeres da vida, o hindu – ou pelo menos o brâmane – não deve deixar de viver conforme os preceitos religiosos, buscando viver uma forma de pureza por meio da honestidade.

Quando, entretanto, os filhos do hindu já estão grandes, sendo adultos e autossuficientes, de modo que já tem seus netos, o hindu deve se preparar para entrar na terceira fase de sua vida, que é denominada ***vānaprastha***, que literalmente tem um sentido de algo como "ir para a floresta". Nessa terceira fase, o hindu – sozinho ou acompanhado de sua esposa – deve se retirar para um local afastado e tranquilo, que no passado era geralmente a floresta e hoje normalmente é um *āśram*, ou seja, um monastério em local retirado. Torna-se, portanto, um eremita, morando em um local tal como um eremitério, distante das cidades.

IMPORTANTE!

A ideia do *vānaprastha*, a terceira fase da vida, é que se busque realizar um processo de ascetismo, distanciando-se dos elementos frívolos da vida, no cuidado não somente com o lugar onde se mora, mas também com o que se veste e, principalmente, com o que se come.

Em textos antigos, já se indicava a importância de, nesse período, comer somente alimentos diretos da natureza, nem mesmo cultivados, tais como raízes e frutas, evitando-se todo alimento culturalmente mediado, ou seja, que tenha sido processado. Também as vestimentas devem expressar a distância para com a sociedade e a civilização, de modo que, em tempos passados, utilizavam-se roupas feitas de cascas de árvores e peles de animais (Olivelle, 2018a).

Por fim, alguns hindus podem chegar à quarta e última fase da vida, denominada ***saṃnyāsa***, na qual o devoto se torna um completo renunciante, decidindo abster-se de tudo o que possui e cortar de vez o vínculo com tudo que o liga à realidade material. Assim, simbolicamente, o *saṃnyāsa* corta seu vínculo estabelecido pelo "cordão sagrado" (*yajñopavīta*) com sua família e casta, jogando-o no fogo (Correa, 2012).

Por meio desse ritual, está "pagando" suas três "dívidas", que são para com os sábios, pelo estudo dos *Vedas*; para com os deuses, pelas bênçãos; e para com os antepassados, pela vida que receberam. Desse modo, indica que sua vida não tem mais propósito social, sendo agora direcionada completamente para a libertação espiritual (*moksha*):

> Tendo passado a terceira parte do termo natural de vida de um homem na floresta, ele poderá viver como asceta durante a quarta parte de sua existência, depois de abandonar todas as ligações com os objetos mundanos. Aquele que depois de passar de uma ordem a outra, depois de oferecer sacrifícios e controlar todos os sentidos, se cansa de dar esmolas e fazer oferendas de alimento, se torna um asceta e ganha ventura depois da morte. Quando tiver pago as três dívidas, que aplique sua meta à tarefa de atingir a libertação final; aquele que a busca sem ter pago suas dívidas afunda para baixo. Tendo estudado os Vedas de acordo com a regra, tendo procriado filhos de acordo com a lei sagrada, e tendo oferecido sacrifícios de acordo com sua capacidade, poderá dirigir

> sua mente à tarefa de atingir a libertação final. Partindo de sua casa plenamente provido dos meios de purificação, que peregrine em silêncio absoluto e não dê atenção aos desfrutes que lhe possam ser oferecidos. Ele não possuirá um fogo ou uma moradia; poderá ir à aldeia para conseguir alimento; e será indiferente a tudo, firme em propósito, meditando e concentrando sua mente sobre o brahman. Que não deseje morrer, que não deseje viver; que espere sua hora, como um trabalhador espera o pagamento de seu ordenado. Que ponha no chão seu pé purificado por sua vista, que beba água purificada pela filtragem de um pano, que diga palavras purificadas pela verdade, que mantenha puro seu coração. Deliciando-se no que diz respeito à alma, sentado nas posições prescritas pela Yoga, independente de auxílio externo, abstendo-se inteiramente de desfrutes sensuais, tendo apenas a si próprio por companheiro, ele viverá neste mundo, desejando a ventura da libertação final. Que reflita sobre a transmigração dos homens, causada por seus atos pecaminosos [...] e a conquista da ventura eterna, causada por se chegar a seu objetivo mais elevado, ganho pelo mérito espiritual. (*Mānava-Dharmaśāstra* 6.33ss, citado por Renou, 1964, p. 89-90)

Tal como descrito, ainda há pessoas que, assumindo em si esta última fase da vida, se tornam andarilhos, sem habitação ou qualquer posse, perambulando pelas cidades e campos, vivendo das esmolas que recebem. É o tempo final para se pensar na realidade e na divindade (*Brahman*), a fim de se alcançar a realidade espiritual após a morte. Trata-se, portanto, de uma verdadeira preparação para a morte, ou melhor, para o pós-morte, na qual o devoto se torna uma pessoa "sempre renunciada", tão distante da vida cotidiana que "não odeia nem deseja os frutos de suas atividades" (*Bhagavad Gītā* 5.3, citado por Prabhupāda, 1985, p. 133).

Pudemos perceber que as quatro fases da vida (*āśramas*) se relacionam com as quatro metas da vida humana (*puruṣārtha*): se a primeira fase da vida é profundamente marcada pelo *dharma*, ou seja, pela religiosidade – no estudo e no cumprimento de regras –, a segunda fase é marcada por *artha*, prosperidade, e *kama*, prazer, ao se desfrutar da vida familiar e dos frutos do trabalho, e, por fim, as duas últimas fases da vida – *vānaprastha*, retirado da civilização em um local tranquilo, e *saṃnyāsa*, como mendigo ermitão – são dedicadas a *moksha*, ou seja, a grande meta humana da libertação espiritual.

Aparentemente, as quatro fases eram originalmente organizadas de uma forma diferente, por terem um propósito bastante claro, conforme se pode perceber pelo texto mais antigo que faz menção a elas, que é o *Āpastamba Dharmasūtra*. Apesar da atual importância das *āśramas*, o termo não aparece nos textos védicos nem nos *Upaniṣades* mais antigos, o que indica tratar-se do resultado da interiorização da religiosidade hindu, própria do contexto da religião upanishade.

Preste atenção!

De acordo com Olivelle (2018b), em sua origem, o termo *āśrama* tem uma evidente relação com o ascetismo, que fica clara com a comparação desse termo com *śrama*, "trabalho ascético", o que significa que está originalmente ligado ao novo modo de religiosidade, vinculado ao ascetismo.

Mas quais eram as quatro fases originais? Diferentemente do que se poderia esperar, o *Āpastamba Dharmasūtra* 2.21.1 (citado por Olivelle, 2018b, p. 80, tradução nossa) afirma que "há quatro *āśramas*: a vida de chefe de casa, vivendo na família do guru, a vida de um sábio, e a vida de *vānaprastha*". Inverte-se, aparentemente, a ordem atual entre chefe de casa e estudante – o que a princípio parece não fazer sentido.

Segundo Olivelle (2018a), no entanto, a explicação é simples: o texto não indica quatro fases sucessivas, mas quatro possibilidades dentro de dois momentos de vida. Ou seja, caberia a cada homem viver como chefe de família ou como discípulo e, depois, como sábio – ou seja, um asceta ermitão (*pravrajita*) – ou como um heremita na floresta (*vānaprastha*).

No caso de escolher ser um discípulo, por exemplo, poderia inclusive continuar vivendo dentro da casa de seu mestre mesmo depois de este morrer, servindo à esposa e aos filhos do falecido (Olivelle, 2018b) em vez de criar seu próprio lar, a fim de tornar-se chefe de família. Quem escolhesse esse caminho de celibato e dedicação à casa de seu mestre, era denominado *brahmacārin*.

Fica evidente, assim, que, apesar de haver hindus que apontam certa rigidez no esquema das *āśramas*, não somente a história da religião hindu como o próprio hinduísmo são demais fluidos para estarem presos a um sistema absoluto. De fato, muitos hindus hoje entendem que o sistema de *āśramas* é um modelo ideal, assim como o próprio sistema de *varṇas* (Correa, 2012), de modo que nem todos os praticam de maneira restrita. Um exemplo disso é o fato de que os "renunciantes", ou seja, aqueles que vivem os estágios de *vānaprastha* e *saṃnyāsa*, são poucos quando comparados com os *gṛhasthas*, que conjuntamente são a figura no centro da vida social hindu (Madan, 2003).

Ao mesmo tempo, limitar as fases da vida de um hindu aos *āśramas*, que são, em grande medida, pensados para um brâmane, seria limitar o próprio hinduísmo. Afinal, para além desses quatro *āśramas*, nenhum hindu deixa de ter uma trajetória de vida. E essa trajetória tem uma importância tal para a religião, que é marcada por inúmeros *saṃskāras*, usualmente traduzidos como "ritos de passagem" ou "sacramentos". Eles são realizados em prol de uma pessoa desde antes de ela nascer, e ainda depois de sua morte, para além das usuais fases da vida. Elencamos esses vários ritos no Quadro 6.2.

QUADRO 6.2 – Ritos hindus do ciclo de vida

Fases da vida	Ritual	Data/Hora	Descrição
Pré-natal	1. Procriação, inseminação (*garbhādāna*, *niṣeka*)	Entre o 4º e o 16º dia após a menstruação	Inseminação com orações e purificações
	2. Transformação do fruto do amor em um feto (*puṃsavana*)	3º e 4º mês de gravidez	Alimentação da grávida com certas comidas
	3. Divisão do cabelo de uma mulher grávida (*sīmantonnayana*)	Entre o 4º e o 8º mês de gravidez	Ritual para proteger a grávida e o feto de influências malignas; divisão do cabelo da esposa pelo marido com grama *garbha* ou espinhos de porco-espinho
Infância	4. Ritual de nascimento (*jātakarma*)	No nascimento	Ritual para fortalecer o filho e abençoar a mãe, cortando o cordão umbilical, alimentando com mel ou tocando o ombro da criança
Adolescência (iniciação)	5. Escolher o nome (*nāmakaraṇa*)	11º dia de vida	O pai ou um sacerdote sussurra o nome no ouvido esquerdo da criança
	6. Primeiro passeio (*niṣkramaṇa*)	Em algum momento nos 3 primeiros meses	A criança é levada para fora de casa e mostrada ao Sol (*ādityadarśana*)
	7. Primeira comida sólida (*annaprāśana*)	Por volta do 6º mês	Alimento (normalmente um preparado de arroz doce) é dado como uma espécie de sobra sagrada à criança, normalmente pelo pai
	8. Tonsura ou primeiro corte de cabelo (*cūḍākaraṇa*, *caula*)	Entre o 1º e o 3º ano de vida	Cabeça raspada com exceção de uma parte (*śikhā*), tida como símbolo da linha patrilinear
	9. Furar orelhas (*karṇavedha*)	Entre o 7º e o 8º mês	Pai ou sacerdote fura ambas as orelhas com uma agulha
	10. Começo do aprendizado (*vidyārambha*)	Junto ao *upanayana*	Ritual autorizando a criança a aprender o *Veda*

(continua)

(Quadro 6.2 – conclusão)

Fases da vida	Ritual	Data/Hora	Descrição
Adolescência (iniciação)	11. Iniciação ritual (*upanayana*, *vratabandhana*)	Entre 8 e 12 anos	Entrega do cordão sagrado (*yajñopavīta*) ao garoto e ensino do *Gāyatrī Mantra* (*Rig Veda* 3.62.10), o resumo do *Veda*; desse momento em diante o menino se torna um "duas vezes nascido" (*dvija*)
	12. Começo do aprendizado (*vedārambha*)	Junto ao *upanayana*	
	13. Primeiro corte de barba (*keśānta*)	Indeterminado	
	14. Fim do estudo e volta para casa (*samāvartana*)	Indeterminado	Basicamente um banho ritual que conclui o período de aprendizado do *Veda*
Casamento	15. Casamento (vivāha, *pāṇigrahaṇa*)	Após iniciação	Vários elementos envolvem o noivado (*vāgdāna*), a procissão matrimonial (*vadhugrhagamana*), a doação da noiva pelo pai do noivo (*kanyadana*), a tomada da mão da noiva (*panigrahana*), uma troca de guirlandas entre os noivos, acender e circular o fogo sagrado (*agnipradaksina*, *parikramana*, *parinayana*) sete passos (*saptapadī*), e uma refeição conjunta
Morte e pós-morte	16. Ritual de morte (*antyesṭi*)	Após falecimento	Cremação do corpo
	Juntar-se aos antepassados (*sapiṇḍīkaraṇa*)	11º ou 12º dia após morrer	Unificação do morto aos antepassados por bolas feitas de uma mistura de farinha e *ghee* (*piṇḍa*)
	Veneração dos antepassados (śrāddha)	Várias ocasiões	Adoração de todos os ancestrais com água etc.

Fonte: Michaels, 2016, p. 186-187, tradução nossa.

Pelo estudo do quadro, podemos perceber que, ainda no ventre materno, a criança é cuidada pelo seu pai mediante um ritual no qual o cabelo da grávida é dividido ao meio pelo seu marido, com o auxílio de um espinho de porco-espinho, que é pintado com três anéis brancos (Tinoco, 1992).

Contudo, é evidente que o *upanayama*, entre todos esses "sacramentos", é "o mais importante" (Eliade, 2010, p. 210). Porém, nem por isso os demais rituais deixam de ter sua importância, não somente como mecanismos simbólicos de a religião incorporar cada pessoa na tradição, mas também para cada pessoa, individualmente, perceber as várias fases de sua vida e até mesmo da vida dos demais.

IMPORTANTE!

Os rituais servem para que cada hindu perceba que a vida tem seus diferentes momentos dentro de seu ciclo e que cada momento tem também suas particularidades que devem ser enfatizadas e valorizadas. Os "sacramentos" não contrariam a natureza – antes, em certa medida, o que é natural é recriado, tornando a natureza em cultura sacramental (Michaels, 2018) e levando o devoto a ver a própria vida como algo sagrado.

6.2 *Ṣaḍdarśanas*: as seis filosofias

Do mesmo modo que o hinduísmo se integra à vida dos indivíduos, estando presente por ritos e direcionamentos para cada fase da vida, também, inversamente, cada um dos indivíduos dá vida ao próprio hinduísmo em si mesmo. Isso ocorre na transformação do que é essencialmente uma teoria em uma prática não somente nas grandes etapas de sua vida, mas também no dia a dia de cada um.

Assim, em virtude da pluralidade própria do hinduísmo, cada hindu terá sua "visão" a respeito do que é, realmente, o hinduísmo.

Tal "visão", como ponto de vista particular a respeito da religião hindu de maneira geral, é denominada pelo termo *darśana*, já explicado anteriormente, que tem principalmente o sentido de "ver", como o modo pelo qual o devoto percebe a divindade quando entra em contato com ela. Nesse outro sentido, porém, *darśana* significa a "visão" que um indivíduo tem a respeito do hinduísmo como um todo, podendo sua ideia estar dentro de uma entre seis diferentes perspectivas, ou seja, "seis visões" (*ṣaḍdarśanas*), que são as seis filosofias próprias do hinduísmo.

Ao que parece, tais visões surgiram da religião upanishade, que interiorizou a religiosidade, dando abertura para a formação de inúmeras interpretações. Assim, essas seis filosofias foram incorporadas no hinduísmo, sendo cada uma delas considerada *āstika*, "ortodoxa"; porém, surgiram paralelamente filosofias que não se enquadraram naquilo que já se conhecia como elementos básicos do hinduísmo, ou seja, rejeitaram os *Vedas*, e cada qual foi considerada *nāstika*, "heterodoxa". Isso culminou na formação de novas religiões, tais como o budismo e o jainismo, mencionados anteriormente, assim como em duas tradições filosóficas materialistas, as filosofias *Cārvāka* e *Ājīvika*, sendo todas essas resultantes das ideias de pensadores dissidentes do hinduísmo.

Quanto às filosofias ortodoxas, foram criadas seis linhas, que são: *Nyāya*, *Vaiśeṣika*, *Mīmāṃsā*, *Sāṃkhya*, *Yoga* e *Vedānta*. Observe-as no Quadro 6.3 e, na sequência, acompanhe as explicações.

Quadro 6.3 – Filosofias (*darśanas*) da Índia

Āstika	*Nāstika*
Nyāya	Budismo
Vaiśeṣika	Jainismo
Mīmāṃsā	*Cārvāka*
Sāṃkhya	*Ājīvika*
Yoga	
Vedānta	

1. ***Nyāya***: tal "visão" defendia que a libertação espiritual (*moksha*) deve ser alcançada puramente pelo caminho do conhecimento (*jñānamārga*), por meio do conhecimento verdadeiro da realidade. Desenvolveu-se, por conta disso, muito mais no sentido de uma epistemologia do que de uma teologia, procurando-se o aperfeiçoamento na metodologia a ser aplicada na reflexão lógica, a fim de o conhecimento e sua obtenção serem refinados da melhor forma possível. Para isso, desenvolveram a ideia das seis *pramāṇas*, "provas", como meios mais apurados de obter e apurar conhecimentos. Com tal ênfase na lógica, buscou-se refutar as afirmações budistas a respeito da inexistência de Deus por meio da comprovação racional da existência divina (Klostermaier, 2003).
2. ***Vaiśeṣika***: o nome dessa "visão" provém de *viśeṣas*, termo utilizado para indicar o que na física ocidental moderna se denomina *átomos*, ou seja, elementos últimos das qualidades das substâncias, considerados como partículas eternas. Tais partículas, eternas e invisíveis à visão humana, sendo combinadas, formam as várias substâncias que podemos ver (Sullivan, 1997). É usualmente associada à perspectiva *Nyāya*, por seu racionalismo, apesar de que, diferente daquela, propõe como caminho de libertação do conhecimento (*jñānamārga*) que seja resultante de boa conduta, ascetismo e *yoga* (Sullivan, 1997). Também, aparentemente, não apresenta a visão de uma divindade no primeiro momento, vindo depois a conceber a ideia de um "Senhor" que estabelece harmonia na interação das partículas eternas.
3. ***Mīmāṃsā***: é também denominada *Pūrva Mīmāṃsā*, "investigação mais antiga", em contraste com o *Vedānta*, denominado *Uttara Mīmāṃsā*, "investigação mais recente". Difere-se das filosofias heterodoxas não somente por aceitar os *Vedas*, mas também por tomá-los como *apauruṣeya*, ou seja, algo eterno e

autoexistente, que não foi composto nem por seres humanos, nem por alguma divindade (Klostermaier, 2003). Para buscarem o sentido profundo dessas palavras eternas, os defensores da *Mīmāṃsā* estabeleceram uma análise linguística aprofundada e uma leitura literalista dos textos, que devem ser aplicados em suas minúcias. Diferenciaram, portanto, os *Vedas* de seus comentários posteriores – *Brāhmaṇas*, *Aranyakas* e *Upanishads* –, tidos como "elogios", uma vez que não trazem novas ações, mas somente analisam as ações contidas nos textos védicos originais. Afinal, tais ações seriam não somente obrigatórias, mas também o caminho (*karmamārga*) para uma absoluta felicidade, caso sejam realizadas da forma correta (Sullivan, 1997), culminando na libertação espiritual.

4. ***Sāṃkhya***: seu nome designa "número", "numeração". É uma perspectiva essencialmente dualista, que concebe toda a realidade dividida entre *puruṣa*, "consciência", e *prakṛti*, "matéria", de modo que os seres vivos são os casos de união entre esses dois elementos, ou seja, quando uma consciência está unida à matéria, negando a existência de qualquer divindade (ateísta). Tem tal nome por enumerar vinte e quatro elementos ou evoluções da relação entre matéria e consciência. Para além dessas evoluções, também se busca analisar a criatividade da matéria como atividade dos três *guṇas*, "qualidades inatas", que são *sattva*, "pureza", *rajas*, "energia", e *tamas*, "inércia" (Sullivan, 1997). É, portanto, propriamente uma metafísica, para a qual a libertação se dá conjuntamente como um caminho de conhecimento (*jñānamārga*) e um caminho de ação (*karmamārga*), na percepção da prisão da consciência à matéria e na prática de ações disciplinadas a partir de tal consciência, de modo que fundamenta metafisicamente outra escola, que lhe é bastante semelhante, que é a *Yoga*.

5. ***Yoga***: proveniente do termo *yuj*, "combinar", "concentrar", é uma proposta de práticas que têm como propósito combinar a realidade espiritual de um indivíduo com a realidade cósmica, *Brahman*. Envolve inúmeros elementos em sua prática, tais como restrições (violência, mentira, roubo etc.), disciplinas (serenidade, vida ascética etc.), posturas (especialmente a postura do lótus), respirações rítmicas (pelo controle da respiração), libertação da mente de objetos sensoriais (ignorando-se o ambiente ao redor), concentração (fixando-se a mente em um ponto) e meditação (concentração prolongada em uma ideia ou objeto de valor religioso), a fim de se alcançar *samādhi*, a "meditação completa", que é a comunhão com o Universo por meio da compreensão e suspensão da consciência. Sendo uma proposta prática, podemos afirmar que, em certa medida, propõe o caminho da ação (*karmamārga*), de modo que *Yoga* é "a arte de todos os trabalhos" (*Bhagavad Gītā* 2.50). Porém, pelo desenvolvimento da *Yoga*, ela apresenta diferentes vertentes para os diferentes caminhos de libertação, ou seja, pode-se falar em *Karma Yoga*, *Jñāna Yoga*, *Bhakti Yoga* e outras formas de *Yoga*.
6. ***Vedānta***: é a principal e mais popular filosofia do hinduísmo. Seu nome significa "fim dos *Vedas*", sendo também denominada *Uttara Mīmāṃsā*, "investigação mais recente", em contraste com *Pūrva Mīmāṃsā*, "investigação mais antiga". Trata-se, portanto, de uma filosofia resultante da investigação dos *Vedas*, especialmente no que diz respeito à identificação entre *Brahman*, o Absoluto, e a alma humana, utilizando-se como fontes principais os *Upanishads*, o *Brahma Sutras* e o *Bhagavad Gītā*, que em conjunto são denominados *prasthānatrayī*, "as três fontes". Nas visões sobre essa relação, estão as diferenças entre as linhas do *Vedānta*, das quais se destacam três: a) *Advaita Vedānta*, uma perspectiva monista na qual o Absoluto é idêntico à alma

humana; b) *Viśiṣṭādvaita Vedānta*, uma linha "não dualista" que defende que a alma é unida mas não idêntica ao Absoluto; c) *Dvaita Vedānta*, perspectiva dualista segundo a qual a alma humana é distinta do Absoluto (Sullivan, 1997).

A linha do *Advaita Vedānta*, representada especialmente pelo filósofo medieval Adi Shankara, afirma categoricamente a unidade entre a alma do homem (*ātman*) e o Absoluto imaterial e informe (*Nirguna Brahman*), assim como defende o caminho pelo conhecimento (*jñānamārga*), mediante a clareza do conhecimento correto (*vidyā*).

O *Viśiṣṭādvaita Vedānta*, cujo maior ícone foi Rāmānuja, um filósofo vaisnava medieval, defende que pode haver união entre *ātman* e a divindade, mas estes não são idênticos, de modo que tal união ocorre especialmente por meio da devoção (*bhaktimārga*).

Quanto ao *Dvaita Vedānta*, trata-se de uma linha mais recente, fundada no século XIII por Shri Madhvācārya. Busca diferenciar *ātman* e *Brahman*, apesar de afirmar que existe relação entre os dois, a qual somente pode ser alcançada mediante o caminho da devoção (*bhaktimārga*) a Vishnu pelas almas prontas para isso (*mukti-yogyas*).

Continuando o estudo das seis filosofias, o Quadro 6.4, resume algumas das peculiaridades de cada *darśana*.

Quadro 6.4 – As seis *darśanas āstika* (*ṣaḍdarśanas*)

Darśana	**Caracterização**	**Caminho**	**Peculiaridade**
Nyāya	Racionalismo	*jñānamārga*	*Pramāṇas* – formas apuradas de obtenção e verificação dos conhecimentos
Vaiśeṣika	Atomismo	*jñānamārga*	*Viśeṣas* – partículas eternas e invisíveis das quais todas as coisas são formadas
Mīmāṃsā	Literalismo	*karmamārga*	*Apauruṣeya* – eternidade dos *Vedas*, não tendo autoria humana ou divina

(continua)

(Quadro 6.4 – conclusão)

Darśana	Caracterização	Caminho	Peculiaridade
Sāṃkhya	Metafísica ateísta	*jñānamārga karmamārga*	Visão dualista da realidade, dividida em *puruṣa* ("consciência") e *prakṛti* ("matéria")
Yoga	Meditação	*(todos)*	Intenciona a *samādhi*, "meditação completa", e união com o Universo
Vedānta	Interiorização	*jñānamārga bhaktimārga*	*Prasthānatrayī* – as "três fontes": *Brahma Sutras*, *Upanishads* e *Bhagavad Gītā*

Evidentemente, sendo seis linhas bastante distintas, cada qual tem, hoje, sua importância. Nesse sentido, cabe destacar que as linhas denominadas *Nyāya*, *Vaiśeṣika* e *Mīmāṃsā* perderam sua importância ao longo do tempo, e as outras três linhas, *Sāṃkhya*, *Yoga* e *Vedānta*, tornaram-se as principais expressões filosóficas do hinduísmo.

Assim, enquanto as três primeiras se tornaram praticamente curiosidades dos eruditos que estudam a religião hindu, as outras três linhas se fortaleceram e, em grande medida, se influenciaram ao longo do tempo, de modo que, entre elas, "as linhas de demarcação se tornaram recorrentemente muito fluidas" (Torwesten, 1991, p. 5, tradução nossa).

IMPORTANTE!

Quando se fala em fluidez, entendemos que ela é em parte decorrente do próprio fato de que as seis *darśanas* não são exatamente filosofias concorrentes. Antes, são aproximações intelectuais ao mundo que, em grande medida, não tratando necessariamente das mesmas coisas, podem confluir, resultando nas mencionadas influências.

Um exemplo de que essas filosofias não são concorrentes pode estar no sistema *Vedānta*. Ele pôde absorver muito da cosmologia e da psicologia da *Sāṃkhya*, assim como das práticas e métodos da *Yoga* (Torwesten, 1991). Afinal, não são nem "filosofias" nem "teologias" propriamente, mas sistemas mais complexos que, para além de aspectos filosóficos e teológicos, contêm "psicologia e física, exegese dos textos védicos e especulação sobre a linguagem, assim como práticas psicológicas e meditação" (Klostermaier, 2007, p. 329, tradução nossa).

6.3 *Prāyaścitta*: expiações e peregrinações

Se levarmos em consideração a importância das seis visões do hinduísmo (*ṣaḍdarśanas*), poderemos acabar caindo na ilusão de que temos uma religião com ênfase no aspecto teórico em lugar do prático. Na realidade, a vitalidade do hinduísmo está, para além das teorizações, justamente em sua prática cotidiana, envolvendo e direcionando a vida de milhões de devotos. Quando visto em seu conjunto, o hinduísmo tende a ser percebido como uma religião na qual se destacam muito mais a fluidez e o movimento do que a teorização e a estática. Afinal, mesmo entre as filosofias do hinduísmo, ou seja, suas teorizações, as ações e a devoção têm espaço e, até mesmo, considerável importância, tal como indicado anteriormente.

Importante!

Muitas vezes, as ações e a devoção não são plenamente compreendidas, especialmente quando se observam somente os aspectos "positivos" delas, ou seja, aquilo que deve ser realizado em conformidade com o *dharma*, a ordem cósmica. Afinal, para além dos aspectos "positivos", a vida religiosa do hinduísmo envolve ações (*karman*) e meios de devoção (*bhakti*) de caráter "negativo", ou seja, que servem como mecanismos de expiação e anulação de erros cometidos, que também têm importância fundamental nessa religiosidade.

Se considerarmos a importância e o poder destrutivo das ações (*karman*), facilmente imaginaremos o valor dos mecanismos, cuja função é apagar suas consequências danosas. Mas que ações "negativas" são estas?

O termo próprio que carrega o sentido das ações "negativas" é *prāyaścitta*, cujo sentido atual é o de "expiação", "penitência", "reparação" e que inclui uma série de tipos de ações. Sua origem etimológica, porém, parece estar distante desse sentido atual, a não ser que se considere a sugestão de Wilhelm Gampert, acerca da relação entre *prāya*, "ir embora", e a palavra *citta*, que sugere uma intenção, resultando na ideia de uma intenção de que algo vá embora – no caso, o "pecado" (Brick, 2018). As diversas ações entendidas como *prāyaścitta* são, em todos os casos, mecanismos de purificação, para se purificar algo ou alguém, a fim de que o pecado seja eliminado.

Mas o que é o "pecado"? O pecado, na visão hindu, que pode aparecer como diversos termos, tais como *pataniyas* e *pātakas*, é, segundo o *Yājñavalkya Dharmaśāstra* 3.226 (citado por Brick, 2018, p. 314, tradução nossa), "algo que tem dois poderes: que traz consigo o inferno e que proíbe a interação social". Ou seja, o pecado é percebido principalmente por sua dupla capacidade. Em primeiro lugar, ele conduz as pessoas ao inferno, o que explica os termos utilizados, que contêm a raiz *pat-*, "cair". E, se não o faz, pelo menos mantém as pessoas no ciclo de reencarnações, podendo elas "caírem" em uma nova reencarnação para alguém de menor valor, como um ser de casta inferior, um animal ou até mesmo uma planta. Em segundo lugar, o pecado causa o impedimento de interação social, ou, em outras palavras, de certo modo "elimina" alguém – mesmo que temporariamente – de sua própria casta, tornando-o em um "sem casta" (Brick, 2018).

IMPORTANTE!

As duas consequências do pecado, na visão hindu, são a "queda" espiritual, levando o homem a ir para o inferno ou reencarnar em uma situação pior, e o impedimento de interação social, que implica uma espécie de "bloqueio" de sua condição social.

As purificações e expiações não são somente importantes para a outra vida, mas também para esta, de modo que frequentemente os textos *Dharmaśāstras* indicam que a purificação (*śuddhi*) é o propósito da expiação (*prāyaścitta*), uma vez que, se as expiações apagam pecados, as purificações os impedem. Mas quais são as formas de purificação, a fim de se evitar o pecado? Algumas são mencionadas no *Kularnava Tantra*:

> A purificação da pessoa do adorador consiste no banho. A purificação dos elementos sutis do corpo é feita pelo controle da respiração e pela dedicação das seis partes principais do corpo às seis deidades a que correspondem. Depois disto, são executadas as outras formas de dedicação. A purificação do lugar de adoração é feita pela sua limpeza cuidadosa, adornando-se o mesmo com ornamentação auspiciosa composta de pós das cinco cores, colocação de um assento, um dossel, assim como pelo uso de incenso, luzes, flores e grinaldas. (*Kularnava Tantra*, citado por Renou, 1964, p. 130-131).

Levando-se em conta a mencionada relação entre purificação e expiação, não é de se estranhar que, em alguns casos, o mesmo mecanismo sirva para a purificação, impedindo pecados, e para a expiação, apagando-os. É o caso do banho ritual – mencionado na citação –, que era e ainda é realizado como mecanismo de purificação e, ao mesmo tempo, expiação.

Tal banho parece valer para o controle da respiração (*prāṇāyāma*), mencionado como mecanismo de purificação, realizado antes de rituais, mas que também é utilizado pelos devotos como meio de expiação. Nesse sentido, apesar de variar o período e a intensidade dessa restrição da respiração, aparentemente poderia servir, segundo textos sobre o *dharma*, para o perdão dos mais variados pecados, de alimentação equivocada ao assassinato de um brâmane – mesmo que, para essas diferentes ações, o período variasse consideravelmente, de um dia a um ano, por exemplo (Kane, 1953). Ainda de acordo com Kane (1953), outras formas de expiação poderiam ser as seguintes:

- **Confissão** (*abhiśasta*): realizando pecados consideráveis, um devoto deve declarar o que fez de errado em diversas casas, pedindo esmolas para seu sustento.
- **Arrependimento** (*anutāpa*): é uma decisão voluntária e que envolve um intenso comprometimento pelo qual o devoto escolhe não mais realizar uma má ação, declarando para si mesmo: "Não vou mais fazer isso!".
- **Austeridade** (*tapas*): consiste em decidir passar fome, dormir no chão, fazer voto de celibato ou ainda utilizar roupas até secarem no corpo, por exemplo.
- **Sacrifício** (*homa*): é feito no fogo acompanhado dos *mantras* certos.
- **Orações** (*japa*): devem ser proferidas ou pensadas, seguindo-se os textos védicos.
- **Doações** (*dāna*): consistem em dar alimentos aos necessitados, principalmente.
- **Peregrinações** (*tīrtha*): envolvem a prática de ir a pé a locais sagrados distantes ou a rios sagrados para se banhar.

Quanto às peregrinações, por tal aspecto duplo, de purificação e expiação, os "locais sagrados" para onde os peregrinos se dirigem passam a ser considerados também "espaços salvíficos" (Jacobsen, 2013, p. 19, tradução nossa). As peregrinações não se mostram com tal valor ao longo de toda a história do hinduísmo: não são uma prática ritual védica (Jacobsen, 2018), nem ganham destaque especial nos *Dharmaśāstras* mais antigos, por exemplo. Contudo, elas são particularmente importantes a partir dos textos épicos, que oferecem, até mesmo, novos lugares para serem considerados sagrados.

Preste atenção!

Em muitos casos, os lugares que fazem parte das jornadas dos deuses principais nos textos épicos, a exemplo de Rāma, são considerados sagrados. É o caso do *ātām pālam*, "ponte de Adam", que é uma passagem natural entre a Índia e o Sri Lanka, considerada como a passagem feita pelo exército de macacos (*vānara*) de Rāma para que ele pudesse resgatar sua esposa Sītā.

A grande concentração de peregrinos ocorre nas sete cidades sagradas (*sapta puri*), sendo cada uma relacionada a um avatar ou ação de uma das principais divindades. Tais cidades são:

- Ayodhya, local de nascimento de Rāma, avatar de Vishnu;
- Haridwar, onde Shiva fez descer o Ganges às planícies;
- Dwarka, cidade que Krishna, avatar de Vishnu, tornou capital;
- Kanchipuram, onde Parvati ganhou a mão de Shiva em casamento;
- Ujjain, onde há um dos doze *Jyotirlingams*, os objetos mais sagrados dedicados a Shiva, e onde teria havido o eremitério de Sandīpanī, professor de Krishna (Jacobsen, 2013);
- Mathura, onde Krishna nasceu; e
- Varanasi, cidade mais sagrada do hinduísmo, onde há um dos doze *Jyotirlingams* e o Templo de Kashi Vishvanath, o mais importante dos templos dedicados a Shiva. Segundo a mitologia

hindu, Shiva teria arrancado uma das cabeças do deus Brahma e ela teria caído e desaparecido onde atualmente está Varanasi[1].

No Quadro 6.5, apresentamos a relação dessas cidades com seus elementos e divindades.

Quadro 6.5 – As sete cidades sagradas e a relação com os deuses

Cidade	Divindade	Elemento
Ayodhya	Rama (Vishnu)	Nascimento
Haridwar	Shiva	Descida do Ganges
Dwarka	Krishna (Vishnu)	Tomada como capital
Kanchipuram	Kamakshi (Parvati)	Ganhou a mão de Shiva
Ujjain	Shiva	Um dos 12 *Jyotirlingams*
	Krishna (Vishnu)	Cidade do eremitério de Sandīpanī
Mathura	Krishna (Vishnu)	Nascimento
Varanasi	Shiva	Um dos 12 *Jyotirlingams*

Por tal relação com os deuses, cada cidade e cada local sagrado de peregrinação terá sua importância variando de acordo com a divindade com que se relaciona e a linha do hinduísmo. Assim, para os shaivistas, as cidades de Ujjain e Haridwar terão importância gigantesca, pela associação delas com Shiva, enquanto, para os vaisnavas, as cidades de Ayodhya, Dwarka e Mathura, por exemplo, terão particular valor por serem cidades importantes nas histórias sobre Vishnu e suas encarnações na Terra.

Fica evidente que a religião devota, com base na qual foram escritos os épicos, não somente diminuiu a importância dos rituais diante da devoção (conforme visto em outro capítulo), como também, em grande medida, modificou os próprios rituais,

1 Segundo outra perspectiva, as sete cidades sagradas para peregrinação são: Banares (Varanasi), Kashi (perto de Varanasi e por vezes confundida com esta), Haridwar, Rishikesh, Kadarnath, Badrinath e Gangotri. Uma vez que o Rio Ganges nasce em Gangotri e desce até Banares, as pessoas começam a peregrinação em Banares e vão até a nascente do Ganges, em Gangotri.

adaptando-os à nova religiosidade, centrada no culto das novas grandes divindades e na leitura dos grandes épicos. No *Mahābhārata* (3.80.38), por exemplo, chega-se a afirmar que a peregrinações são "superiores aos sacrifícios" (Jacobsen, 2018, p. 338, tradução nossa).

Hoje, contudo, tal religião devota ganhou uma nova vida, transformando-se de inúmeras formas, de modo que, atualmente, podem ser vistas figuras das mais diferentes nas cidades sagradas. Isso é um resultado não somente das adaptações que o hinduísmo recebeu, mas também da curiosidade e admiração que essa religião causa, atraindo milhares de turistas, que se juntam aos peregrinos em meio às cidades sagradas.

SÍNTESE

Neste capítulo, apresentamos como o hinduísmo concebe as diferentes fases da vida humana, dividindo-a em quatro fases distintas: a fase do *brahmacarya*, na qual o jovem se dedica ao estudo dos textos védicos com um mestre (*guru*); a fase do *gṛhastha*, o "chefe de família", que tem como objetivo formar e sustentar sua família; a fase do *vānaprastha*, o eremita que se dirige a um local retirado, a fim de meditar e se afastar da sociedade e; por fim, o eremita renunciante, *saṃnyāsa*.

Também abordamos as seis filosofias (*darśanas*) do hinduísmo, que são: *Nyāya*, um racionalismo que buscou estabelecer as *pramāṇas*, que são formas apuradas de obtenção e verificação dos conhecimentos; *Vaiśeṣika*, uma espécie de atomismo que buscava pensar com base nas *viśeṣas*, partículas eternas das quais todas as coisas são formadas; *Mīmāṃsā*, uma espécie de literalismo que defende a *apauruṣeya* dos *Vedas*, ou seja, a ideia de que não foram compostos, sendo eternos; *Sāṃkhya*, uma espécie de metafísica ateísta que apresenta a realidade partindo de uma visão dualista, dividida entre *puruṣa* ("consciência") e *prakṛti* ("matéria"); *Yoga*, uma prática de meditação que intenciona a *samādhi*, "meditação completa", e a união com o Universo; *Vedānta*, uma interiorização e reflexão a respeito da relação entre a alma individual e o Absoluto, valendo-se das *prasthānatrayī*, as "três fontes", que são o *Brahma Sutras*, os *Upanishads* e o *Bhagavad Gītā*.

Por fim, vimos como as ações "negativas" têm importância fundamental na religião hindu, servindo seja para evitar que alguém se contamine pelo pecado (purificação), seja para redimir alguém manchado pelo pecado (expiação). No âmbito desse tipo de rito, podemos indicar as peregrinações, as quais atualmente se direcionam principalmente para cidades consideradas sagradas e que são muitas vezes relacionadas a ações, templos e avatares das principais divindades do hinduísmo, tais como Vishnu, Shiva e Parvati.

Atividades de autoavaliação

1. As quatro fases da vida humana, segundo o hinduísmo, são as seguintes:
   I. *Brahmacarya*.
   II. *Gṛhastha*.
   III. *Vānaprastha*.
   IV. *Saṃnyāsa*.

   Indique qual das alternativas a seguir apesenta o significado correto de cada uma dessas fases da vida:

   A] I – chefe de família; II – estudante celibatário; III – eremita; IV – renunciante.
   B] I – eremita; II – chefe de família; III – renunciante; IV – estudante celibatário.
   C] I – estudante celibatário; II – chefe de família; III – eremita; IV – renunciante.
   D] I – eremita; II – renunciante; III – chefe de família; IV – estudante celibatário.

E] I – renunciante; II – estudante celibatário; III – renunciante; IV – eremita.

2. Qual é a filosofia do hinduísmo (*darśana*) mais popular, cujo nome significa "fim dos *Vedas*" e que se fundamenta na relação entre a alma humana e o divino Absoluto?
   A] *Mīmāṃsā.*
   B] *Sāṃkhya.*
   C] *Yoga.*
   D] *Vedānta.*
   E] *Vaiśeṣika.*

3. Qual das filosofias do hinduísmo (*darśanas*) se constitui em um conjunto de práticas que envolvem meditação, controle da respiração e outros elementos, a fim de se alcançar a "meditação completa" (*samādhi*)?
   A] *Mīmāṃsā.*
   B] *Sāṃkhya.*
   C] *Yoga.*
   D] *Vedānta.*

4. Quais são os dois efeitos negativos do pecado, conforme a visão hindu apresentada neste capítulo?
   A] "Queda" social e "bloqueio" material.
   B] "Queda" espiritual e "bloqueio" social.
   C] "Queda" material e "bloqueio" social.
   D] "Queda" espiritual e "bloqueio" material.
   E] "Queda" social e "bloqueio" social.

5. Que elemento um hindu de casta alta recebe em sua cerimônia de iniciação para representar seu "novo nascimento"?
   A] Um cordão sagrado.
   B] Uma grinalda de flores.
   C] Um par de sandálias.

D] Um cinturão de bronze.

E] Uma medalha de ouro.

Atividades de aprendizagem

Questões para reflexão

1. Alguns teóricos do campo da sociologia têm indicado que, em muitos países ocidentais, entre os quais o Brasil, pode-se perceber uma tendência de muitos adultos viverem vidas completamente direcionadas para a diversão e o prazer, o que tem sido caracterizado como "adolescência prolongada" ou "adolescência tardia". Levando esse fato em conta, reflita sobre o seguinte: Será que esse comportamento não é, em parte, consequência da falta de uma clara sistematização das fases da vida e de suas particularidades no que diz respeito a funções e objetivos, tal como há no hinduísmo? Justifique sua resposta.

2. Liste as seis linhas filosóficas do hinduísmo e escreva com suas próprias palavras um resumo de cada uma delas, enfatizando suas características principais e suas diferenças em relação às demais.

3. Faça uma pesquisa sobre as sete cidades mais sagradas do hinduísmo, apresentadas neste capítulo, e verifique o fluxo de peregrinos e turistas que elas movimentam anualmente.

Atividade aplicada: prática

1. Desenvolva um plano de aula a respeito dos princípios de vida no hinduísmo ou, se preferir, sobre cada um dos temas apresentados neste capítulo, ou seja, uma aula sobre as *Āśramas*, as "fases da vida", outra sobre as *Ṣaḍdarśanas* e outra sobre o *Prāyaścitta*.

CONSIDERAÇÕES FINAIS

Diante da complexidade inerente ao hinduísmo e do volume de páginas desta obra, cabe uma reflexão final de modo a resgatar um pouco de tudo o que foi abordado, principalmente para evidenciar a diferença de conhecimento antes e depois da leitura.

Esperamos que você, leitor, ao percorrer as várias páginas deste livro, possa ter compreendido, por exemplo, as variadas definições de importantes conceitos, tais como os de *hinduísmo* e *hindu*, que foram apresentadas no primeiro capítulo. Os termos, originalmente relacionados à Índia, de caráter geográfico, indicam a profunda relação entre religião e espaço sagrado para os hindus. Contudo, como vimos, há uma grande variedade de práticas e crenças que podem ser englobadas no que se denomina *hinduísmo*.

Tal variedade é, em grande medida, fruto de uma trajetória histórica, apresentada no segundo capítulo. Ela foi construída por diferentes religiosidades sobrepostas e sucessivas que, em seu conjunto, formaram o que atualmente se apresenta como a religião hindu. Essas religiosidades, para além de suas diferenças de crenças e práticas, também se fundamentaram mediante a escrita e a utilização de textos sagrados próprios, os quais, também apresentam fios condutores e ideias relacionadas. Isso indica, portanto, que não se trata apenas de uma sobreposição, mas de uma trajetória histórica que transcorreu em um processo de continuidade e desenvolvimento, culminando em diferentes ideias que, apesar das diferenças, estão relacionadas. Explicamos e exemplificamos esses textos no terceiro capítulo.

Na sequência, buscamos esclarecer os três caminhos para se alcançar a libertação espiritual. No quarto capítulo, mostramos que esses caminhos estão mais ou menos acentuados em cada etapa histórica, ou seja, no âmbito de cada religiosidade específica, mas nunca deixaram de estar presentes no hinduísmo. Isso caracteriza muito mais preferências e diferenças de ênfases do que, de fato, oposições absolutas e contradições internas.

No quinto e no sexto capítulo, indicamos como o hinduísmo se configura para além de uma simples religião, permeando tanto a vida coletiva, da sociedade, quanto a vida individual, do devoto. Assim, o hinduísmo não somente influencia as ideias sobre casamento na Índia, como também define o modo, como cada pessoa deve viver as diferentes fases de sua vida.

Além de conhecimento, buscamos propiciar a aquisição de uma consciência sobre a importância do hinduísmo. Afinal, mesmo sendo a religião atual mais antiga, mesmo tendo uma vasta literatura e mesmo sendo fruto de uma longa história, cujo resultado é uma pluralidade de religiosidades ricas em forma e conteúdo, infelizmente, pouco se sabe a respeito do hinduísmo. Poucos são os que se interessam por essa religião e menos ainda os que a conhecem consideravelmente.

Devemos reconhecer, no entanto, que a cada dia o Ocidente tem despertado para o potencial instrutivo do hinduísmo. Com efeito, no contexto atual, marcado pelo individualismo e pela falta de sentido na vida, é necessário que se enfatize o aspecto espiritual do ser humano, para que ninguém esqueça que, sendo seres humanos, temos necessidades que vão além do que é puramente material. Nesse sentido, o hinduísmo tem muito a nos ensinar, não somente a respeito da busca pela divindade, mas também para a compreensão de nós mesmos, como seres que passam por diferentes fases na vida e têm diferentes metas e, sobretudo, diferentes necessidades.

Cabe a nós, ocidentais, portanto, buscar enxergar o hinduísmo por uma perspectiva corretamente delineada – não com preconceitos e olhares distanciados, mas a partir de uma aproximação humilde, pelo reconhecimento de que sempre temos o que aprender. Assim, reconhecer a importância e o valor do hinduísmo, não somente vivido mas também construído por inúmeras pessoas ao longo de milhares de anos, não significa tornar-se hindu ou converter-se ao hinduísmo. Trata-se de simplesmente admitir que ser humano é um processo de "vir a ser", sobre o qual temos muito o que aprender.

REFERÊNCIAS

ADLURI, S. **Textual Authority in Classical Indian thought**: Rāmānuja and the *Viṣṇu Purāṇa*. London/New York: Routledge, 2015. (Routledge Hindu Studies Series).

AGORAMOORTHY, G. The Significance of Cows in Indian Society between Sacradness and Economy. **Anthropological Notebooks**, v. 18, n. 3, p. 5-12, 2012.

AKTOR, M. Social Classes: varṇa. In: OLIVELLE, P.; DAVIS JR., D. R. (Ed.). **Hindu Law**: a New History of Dharmaśāstra. Oxford: Oxford University Press, 2018. p. 60-77. (The Oxford History of Hinduism).

ANDRADE, J. "Quando o Himalaia flui no Ganges": a influência da geografia do subcontinente indiano sobre a configuração do hinduísmo. **Interações – Cultura e Comunidade**, Uberlândia, v. 5, n. 7, p. 39-58, jan./jun. 2010.

BASHARAT, T. The Contemporary Hindu Women of India: an Overview. **South Asian Studies**: a Research Journal of South Asian Studies, v. 24, n. 2, p. 242-249, July/Dec. 2009.

BAYLY, S. **Caste, Society and Politics in India**: from the Eighteen Century to the Modern Age. Cambridge: Cambridge University Press, 2001. (The New Cambridge History of India, n. 3).

BHATTACHARYYA, M. Hindu Religion and Women's Rights. **Religion and Society**, v. 35, n. 1, p. 52-61, 1988.

BIANCHINI, F. A deusa Sarasvatī no hino 6.61 do *Ṛgveda*. **Cultura Oriental**, v. 1, n. 2, p. 1-16, jul./dez. 2014a.

_____. A origem da civilização indiana no vale do Indo-Sarasvati: teorias sobre a invasão ariana e suas críticas recentes. In: GNERRE, M. L. A.; POSSEBON, F. (Org.). **Cultura oriental**: língua, filosofia e crença. João Pessoa: Ed. da UFPB, 2012. p. 57-108. v. 1.

BIANCHINI, F. O culto à Deusa na Índia: uma breve história do desenvolvimento do śaktismo nos *Purāṇa*. **Rever**, ano 14, n. 1, p. 179-203, jan./jun. 2014b.

_____. **O estudo da religião da Grande Deusa nas escrituras indianas e o Canto I do *Devī Gītā***. 272 f. Dissertação (Mestrado em Ciências das Religiões) – Universidade Federal da Paraíba, João Pessoa, 2013.

BÍBLIA SAGRADA: Nova Versão Internacional: Antigo e Novo Testamentos. Traduzida pela comissão de tradução da Sociedade Bíblica Internacional. 2. ed. com concordância. 2. reimp. São Paulo: Vida, 2014.

BOUQUET, A. C. **Hinduism**. London: Hutchinson's University Library, 1948.

BRICK, D. Penance: prāyaścitta. In: OLIVELLE, P.; DAVIS JR., D. R. (Ed.). **Hindu Law**: a New History of Dharmaśāstra. Oxford: Oxford University Press, 2018. p. 313-324. (The Oxford History of Hinduism).

BROCKINGTON, J. The Sanskrit Epics. In: FLOOD, G. (Ed.). **The Blackwell Companion to Hinduism**. Oxford: Blackwell Publishing, 2003. p. 116-128. (Blackwell Companions to Religion).

BROWN, C. M. **The Triumph of the Goddess**: the Canonical Models and Theological Visions of the *DevīBhagavata Purana*. Albany: State University of New York Press, 1990. (Suny Series in Hindu Studies).

BROWN, W. N. **The Saundaryalaharī, or Flood of Beauty**. Cambridge: Harvard University Press, 1958. (The Harvard Oriental Series, 43).

BURKE, J. Delhi Rape: how India's other Half Lives. **The Guardian**, 10 Sept. 2013.

BURNS, J. F. Though Illegal, Child Marriage Is Popular in Part of India. **The New York Times**, 11 May, 1998.

CHAKRAVARTI, S. S. **Hinduism, a Way of Life**. Delhi: Motilal Banarsidass, 1994.

CHAMBERLAIN, G. Five Years after the Gang-Rape and Murder of Jyoti Singh, what has Changed for Women in India? **The Guardian**, 3 Dec. 2017.

CINTRA, R. **O lótus e a cruz**: hinduísmo e cristianismo. São Paulo: Paulinas, 1981. (Coleção Religiões & Seitas, v. 2).

CORREA, F. El hinduismo: consideraciones históricas y conceptuales. **Intus-Legere Historia**, Santiago, v. 6, n. 1, p. 45-62, 2012.

COULANGES, F. de. **A cidade antiga**. Tradução de Fernando de Aguiar. 5. ed. São Paulo: M. Fontes, 2004. (Paidéia).

DAVIDSON, J. A. World Religions and the Vegetarian Diet. **Journal of the Adventist Theological Society**, v. 14, n. 2, p. 114-130, 2003.

DAVIS JR., D. Introduction. In: OLIVELLE, P.; DAVIS JR., D. R. (Ed.). **Hindu Law**: a New History of Dharmaśāstra. Oxford: Oxford University Press, 2018. p. 1-11. (The Oxford History of Hinduism).

DHILLON, A. Child Marriage in India Finally Meets its Match as Young Brides Turn to Courts. **The Guardian**, May 27th 2015.

_____. 'Sacrilege': Varanasi Priests Warn Ganges Luxury Cruises could Contaminate River. **The Guardian**, Sept. 16th 2018.

DONIGER, W. Hinduism by Any Other Name. **Wilson Quarterly**, Washington, p. 35-41, 1991.

_____. **On Hinduism.** Oxford: Oxford University Press, 2014.

_____. **The Rig Veda.** London: Penguin Books, 2005. (eBook).

_____. **The Rig Veda.** London: Penguin Books, 2005.

DONIGER, W.; SMITH, B. **The Laws of Manu.** London: Penguin Books, 1991.

_____. **The Laws of Manu.** London: Penguin Books, 2001. (Penguin Classics).

DOSHI, V. Date, Kiss or Marry ... how Tinder is Rewriting India's Rules of Engagement. **The Guardian**, 10 July 2016.

ECK, D. L. **Darśan**: Seeing the Divine Image in India. Delhi: Motilal Banarsidass, 2007.

ELIADE, M. **História das crenças e das ideias religiosas.** Tradução de Roberto Cortes de Lacerda. Rio de Janeiro: Zahar, 2010. v. I: Da Idade da Pedra aos mistérios de Elêusis.

FADDEGON, B. **Studies on the *Sāmaveda***: Part I. Amsterdam: North-Holland Publishing, 1963.

FEUERSTEIN, G.; KAK, S.; FRAWLEY, D. **In Search of the Cradle of Civilization**: New Light on Ancient India. Delhi: Motilal Banarsidass, 2005.

FLOOD, G. **An Introduction to Hinduism.** Cambridge: Cambridge University Press, 2003.

FRANCAVILLA, D. Las reformas del derecho de familia en India: el matrimonio de niños entre derecho hindú tradicional e intervención estatal. **Revista de Derecho Privado**, n. 23, p. 25-44, jul./dic. 2012.

FRIAS, H. M. de. História e religião na antiga Índia: base indo-europeia e cristianização. **Revista Portuguesa de Ciência das Religiões**, Lisboa, ano 2, n. 3/4, p. 179-188, 2003.

GETTLEMAN, J.; KUMAR, Hi. India Shields Child Brides from Sex. **The New York Times**, 11 Oct. 2017.

GONDA, J. (Ed.). **A History of Indian Literature**. Wiesbaden: Otto Harrassowitz, 1975. v. I: Veda and Upanishads.

GRIFFITH, R. T. H. (ed.). **The Hyms of the Rig Veda**. Translated with a popular commentary by Ralph T. H. Griffith. Benares: E. J. Lazarus and Co., 1889. v. I.

_____. **The Hyms of the Rig Veda**. Translated with a popular commentary by Ralph T. H. Griffith. 2 edition. Benares: E. J. Lazarus and Co., 1897. v. II.

GRÜNEWALD, A.; LOUNDO, D.; WINTER, F. Bharata-Mata (Mãe-Índia): a simbologia do divino feminino e a concepção de Estado-Nação na Índia. **Religare**, v. 12, n. 1, p. 67-81, mar. 2015.

HARRIS, M. India's Sacred Cow. **Human Nature**, p. 200-210, Feb. 1978.

HELLERN, V.; NOTAKER, H.; GAARDER, J. **O livro das religiões**. Tradução de Isa Mara Lando. São Paulo: Companhia das Letras, 2001.

HUME, R. E. (Ed.). **The Thirteen Principal Upanishads**: Translated from the Sanskrit with an Outline of the Philosophy of the Upanishads and an Annotated Bibliography by Robert Ernest Hume. London: Oxford University Press, 1921.

ILAIAH, K. **Why I am not a Hindu**: a Sudra Critique of Hindutva Philosophy, Culture and Political Economy. Calcutta: Samya, 2003.

IYENGAR, A. R.; IYENGAR, R. S. The Bhagavadgītā on puruṣārtha. **Bulletin of the Deccan College Research Institute**, v. 51/52, p. 127-130, 1991-1992.

IYER, K. B. **Hindu Ideals**. Bombay: Bharatiya Vidya Bhavan, 1969. (Bhavan's Book University, 159).

JACOBSEN, K. A. **Pilgrimage in the Hindu Tradition**: Salvific Space. London: Routledge, 2013. (Routledge Hindu Studies Series).

JACOBSEN, K. A. Pilgrimage: tīrthayātrā. In: OLIVELLE, P.; DAVIS JR., D. R. (Ed.). **Hindu Law**: a New History of Dharmaśāstra. Oxford: Oxford University Press, 2018. p. 335-346. (The Oxford History of Hinduism).

JACOBSON, D. Marriage: Women in India. In: HAWLEY, J. S.; NARAYANAN, V. (Ed.). **The Life of Hinduism**. Berkeley: University of California Press, 2006. p. 63-75. (The Life of Religion).

JAINI, P. S. Karma and the Problem of Rebirth in Jainism. In: O'FLAHERTY, W. D. (Ed.). **Karma and Rebirth in Classical Indian Traditions**. Berkeley: University of California Press, 1980. p. 217-238.

JAISWAL, S. Change and Continuity in Brahmanical Religion with Particular Reference to "Vaisnava Bhakti". **Social Scientist**, v. 28, n. 5/6, p. 3-23, May/June 2000.

JAMISON, S. W. Marriage and the Householder: vivāha, gṛhastha. In: OLIVELLE, P.; DAVIS JR., D. R. (Ed.). **Hindu Law**: a New History of Dharmaśāstra. Oxford: Oxford University Press, 2018a. p. 125-136. (The Oxford History of Hinduism).

_____. Women: strīdharma. In: OLIVELLE, P.; DAVIS JR., D. R. (Eds.). **Hindu Law**: a New History of Dharmaśāstra. Oxford: Oxford University Press, 2018b. p. 137-150. (The Oxford History of Hinduism).

JAMISON, S. W.; BRERETON, J. P. (ed.). **The Rigveda**: the Earliest Religious Poetry of India. Translated by S. W. Jamison and J. P. Brereton. Oxford: Oxford University Press, 2014. (South Asia Research).

JONES, A.; PHUYAL, S.; PANDEY, G. Did Nepal Temple Ban Animal Sacrifices at Gadhimai Festival? **BBC News**, July 31th 2015.

KANE, P. V. **History of Dharmaśāstra**: Ancient and Medieval Religious and Civil Law in India. Poona: Bhandarkar Oriental Research Institute, 1953. (Government Oriental Series, Class B, n. 6).

KLOSTERMAIER, K. **A Concise Encyclopedia of Hinduism**. Oxford: OneWorld, 2003.

_____. **A Survey of Hinduism**. 3. ed. Albany: State University of New York Press, 2007.

KLOSTERMAIER, K. **Hinduism**: a Short History. London: Oneworld Publications, 2014. (ebook).

_____. O hinduísmo e a busca pelo moksa. **Revista do Instituto Humanitas Unisinos**, São Leopoldo, ano 9, n. 309, 28 set. 2009. Entrevista.

KNOTT, K. **Hinduism**: a Very Short Introduction. Oxford: Oxford University Press, 1998.

KOLLER, J. M. Puruṣārthas as Human Aims. **Philosophy East and West**, v. 18, n. 4, p. 315-319, Oct. 1968.

KÜNG, H. **Religiões do mundo**: em busca dos pontos comuns. Tradução de Carlos Almeida Pereira. Campinas: Verus, 2004.

LAL, B. B. Aryan Invasion of India: Perpetuation of a Myth. In: BRYANT, E. F.; PATTON, L. L. (Ed.). **The Indo-Aryan Controversy**: Evidence and Inference in Indian History. London: Routledge, 2005. p. 50-74.

LANG, O. Hindu Sacrifice of 250,000 Animals Begins. **The Guardian**, 24 Nov. 2009.

LINGAT, R. **The Classical Law of India.** Berkeley: University of California Press, 1973.

LONG, J. B. The Concept of Human Action and Rebirth in the *Mahābhārata*. In: O'FLAHERTY, W. D. (Ed.). **Karma and Rebirth in Classical Indian Traditions.** Berkeley: University of California Press, 1980. p. 38-60.

LORENZEN, D. N. La unificación del Hinduismo antes de la época colonial. **Estudios de Asia y África**, Ciudad de México, ano 41, n. 1, p. 79-110, 2006.

LOUNDO, D. Ser sujeito: considerações sobre a noção de ātman nos *Upaniṣads*. **Cultura Oriental**, v. 1, n. 1, p. 11-18, jan./jun. 2014.

LUBIN, T. The Vedic Graduate: snātaka. In: OLIVELLE, P.; DAVIS JR., D. R. (Ed.). **Hindu Law**: a New History of Dharmaśāstra. Oxford: Oxford University Press, 2018a. p. 113-124. (The Oxford History of Hinduism).

_____. The Vedic Student: brahmacārin. In: OLIVELLE, P.; DAVIS JR., D. R. (Ed.). **Hindu Law**: a New History of Dharmaśāstra. Oxford: Oxford University Press, 2018b. p. 98-112. (The Oxford History of Hinduism).

MADAN, T. N. The Householder Tradition in Hindu Society. In: FLOOD, G. (Ed.). **The Blackwell Companion to Hinduism.** Oxford: Blackwell Publishing, 2003. p. 288-305. (Blackwell Companions to Religion).

MAIA, A. M. Índia: meninas noivas, mulheres à força. **P3**, 11 nov. 2017.

MARTINS, J. G. **O cristão e o hinduísmo.** Rio de Janeiro: MK, 2006. (Diálogo Religioso).

MARTINS, R. de A. As dificuldades de estudo do pensamento dos Vedas. In: FERREIRA, M.; GNERRE, M. L. A.; POSSEBON, F. (Org.). **Antologia védica.** João Pessoa: Ed. da UFPB, 2011. p. 113-183.

MATCHETT, F. The Purāṇas. In: FLOOD, G. (Ed.). **The Blackwell Companion to Hinduism.** Oxford: Blackwell Publishing, 2003. p. 129-143. (Blackwell Companions to Religion).

MATTHEW, C. V. **The Saffron Mission**: a Historical Analysis of Modern Hindu Missionary Ideologies and Practices. Nova Deli: Indian Society for Promoting Christian Knowledge, 1999.

MCDERMOTT, J. P. Karma and Rebirth in Early Buddhism. In: O'FLAHERTY, W. D. (Ed.). **Karma and Rebirth in Classical Indian Traditions.** Berkeley: University of California Press, 1980. p. 165-192.

MICHAELS, A. **Homo Rituals**: Hindu Ritual and Its Significance for Ritual Theory. Oxford: Oxford University Press, 2016.

_____. Rites of Passage: saṃskāra. In: OLIVELLE, P.; DAVIS JR., D. R. (Ed.). **Hindu Law**: a New History of Dharmaśāstra. Oxford: Oxford University Press, 2018. p. 86-97. (The Oxford History of Hinduism).

MILLER, J. Bhakti and the *Rg Veda*: Does It Appear There or Not? In: WERNER, K. (Ed.). **Love Divine**: Studies in 'Bhakti' and Devotional Mysticism. London: Routledge, 2013. p. 1-36.

MOOKERJI, R. **Ancient Indian Education**: Brahmanical and Buddhist. Delhi: Motilal Banarsidass, 1989.

NEHRU, J. **The Discovery of India.** Oxford: Oxford University Press, 1994.

NOSS, J. B. **Man's Religions.** New York: MacMillan, 1969.

O'FLAHERTY, W. D. Karma and Rebirth in the *Vedas* and *Purāṇas*. In: O'FLAHERTY, W. D. (Ed.). **Karma and Rebirth in Classical Indian Traditions.** Berkeley: University of California Press, 1980. p. 3-37.

_____. **Textual Sources for the Study of Hinduism.** Manchester: Manchester University Press, 1988a. (Textual Sources for the Study of Religion).

_____. **The Origins of Evil in Hindu Mythology.** Delhi: Motilal Banarsidass, 1988b.

OLIVEIRA, M. S. R. de. Identidade e religião hindus na Índia britânica. **Rever**, São Paulo, ano 14, n. 1, p. 152-178, jan./jun. 2014.

OLIVELLE, P. Ascetics: vānaprastha, pravrajita. In: OLIVELLE, P.; DAVIS JR., D. R. (Ed.). **Hindu Law**: a New History of Dharmaśāstra. Oxford: Oxford University Press, 2018a. p. 236-244. (The Oxford History of Hinduism).

_____. **Manu's Code of Law**: a Critical Edition and Translation of the *Mānava-Dharmaśāstra*. Oxford: Oxford University Press, 2005. (South Asia Research).

_____. Orders of Life: āśrama. In: OLIVELLE, P.; DAVIS JR., D. R. (Ed.). **Hindu Law**: a New History of Dharmaśāstra. Oxford: Oxford University Press, 2018b. p. 78-85. (The Oxford History of Hinduism).

_____. Social and Literary History of Dharmaśāstra. In: OLIVELLE, P.; DAVIS JR., D. R. (Ed.). **Hindu Law**: a New History of Dharmaśāstra. Oxford: Oxford University Press, 2018c. p. 15-29. (The Oxford History of Hinduism).

_____. **The Āśrama System**: the History and Hermeneutics of a Religious Institution. Oxford: Oxford University Press, 1993.

PÁNIKER, A. **Índika, una descolonización intelectual**: reflexiones sobre la historia, la etnología, la política y la religión en el Sur de Asia. 2. ed. Barcelona: Kairós, 2005.

PATTISSON, P. Mass Animal Sacrifice at Nepal Festival Goes ahead Despite Protests. **The Guardian**, 28 Nov. 2014.

PATTON, L. L. Introduction. In: PATTON, L. L. (Ed.). **Jewels of Authority**: Women and Textual Tradition in Hindu India. Oxford: Oxford University Press, 2002. p. 3-10.

PATYAL, H. C. The Term Dharma: its Scope. **Bulletin of the Deccan College Research Institute**, Pune, v. 54/55, p. 157-165, 1994-1995.

PENNINGTON, B. K. **Was Hinduism Invented?** Britons, Indians, and the Colonial Construction of Religion. Oxford: Oxford University Press, 2005.

PIAZZA, W. **Religiões da humanidade.** 4. ed. São Paulo: Loyola, 2005.

PINTO, P. A. P. Índia: a multiculturalidade de Mumbai – seguidores e críticos de Rama. **Meridiano 47**, Brasília, n. 88, p. 6-8, nov. 2007.

POLLOCK, S. The Divine King in the Indian Epic. **Journal of the American Oriental Society**, v. 104, n. 3, p. 505-528, July/Sept. 1984.

PONRAJ, S. D. **Compreendendo o hinduísmo.** Tradução de Thania Ribeiro. São José dos Campos: Inspire, 2012.

PRABHUPĀDA, A. C. B. S. **O Bhagavad Gītā como ele é.** Tradução de A. C. Bhaktivedanta Swami Prabhupāda. São Paulo: Fundação Bhaktivedanta, 1985.

QUIGLEY, D. On the Relationship between Caste and Hinduism. In: FLOOD, G. (Ed.). **The Blackwell Companion to Hinduism.** Oxford: Blackwell Publishing, 2003. p. 495-508. (Blackwell Companions to Religion).

RAMBACHAN, A. A Hindu Perspective. In: RAINES, J. C.; MAGUIRE, D. C. (Ed.). **What Men Owe to Women**: Men's Voices from World Religions. Albany: State University of New York Press, 2001. p. 17-39.

RENOU, L. **Hinduísmo.** Rio de Janeiro: Zahar, 1964. (Biblioteca de Cultura Religiosa).

ROCHER, L. **Studies in Hindu Law and Dharmaśāstra.** London: Anthem Press, 2012. (Anthem South Asian Normative Traditions Studies).

_____. The Dharmaśāstras. In: FLOOD, G. (Ed.). **The Blackwell Companion to Hinduism.** Oxford: Blackwell Publishing, 2003. p. 102-115. (Blackwell Companions to Religion).

ROSEN, S. J. **Essential Hinduism.** Westport: Praeger Publishers, 2006.

SAFI, M. Indian 'Cow Protectors' Jailed for Life Over Murder of Muslim Man. **The Guardian**, 22 Mar. 2018.

_____. Indian Women Wear Cow Masks to Ask: are Sacred Cattle Safer than us? **The Guardian**, 4 July 2017.

SCHARFE, H. **Education in Ancient India**. Leiden: Brill, 2002. (Handbook of Oriental Studies).

SCHULTZ, K.; RAJ, S. Uphill Battle against Child Marriage is Being Won in India, for Now. **The New York Times**, 6 Mar. 2018.

SHARMA, A. **Hinduism as a Missionary Religion**. Albany: State University of New York Press, 2011.

_____. The Puruṣārthas: an Axiological Exploration of Hinduism. **The Journal of Religious Ethics**, v. 27, n. 2, p. 223-256, 1999.

SHARMA, A. et al. **Sati**: Historical and Phenomenological Essays. Delhi: Motilal Banarsidass, 1988.

SOLÍS, B. El hinduismo. **Revista Mexicana de Ciencias Políticas y Sociales**, Ciudad de México, v. 37, n. 147, p. 75-85, 1992.

STAAL, F. **Ritual and Mantras**: Rules Without Meaning. Delhi: Motilal Banarsidass Publishers, 1996.

STELLA, J. B. **As religiões da Índia**. São Paulo: Imprensa Metodista, 1971.

SUDA, J. P. Dharma: its Nature and Role in Ancient India. **The Indian Journal of Political Science**, Meerut, v. 31, n. 4, p. 356-366, Oct./Dec. 1970.

SULLIVAN, B. M. **Historical Dictionary of Hinduism**. Lanham: The Scarecrow Press, 1997. (Historical Dictionaries of Religions, Philosophies, and Movements, n. 13).

SURESH, K. V. **Bhaktirasāyana of Madhusūdanasarasvatī**: a Critical Study. Thesis (Doctor of Philosophy) – Sree Sankaracharya University of Sanskrit, Kalady, 2009.

TAGARE, G. V. (ed.). **The Vayu Purana**. Translated and annotated by G. V. Tagare. Part I. Delhi; Paris: Motilal Barnasidass; Unesco, 1960.

TALBOT, C. Inscribing the Other, Inscribing the Self: Hindu-Muslim identities in Pre-Colonial India. **Comparative Studies in Society and History**, Cambridge, v. 37, n. 4, p. 692-722, 1995.

THAPAR, R. The Theory of Aryan Race and India: History and Politics. **Social Scientist**, New Delhi, v. 24, n. 1/3, p. 3-29, Jan./Mar. 1996.

TINOCO, C. A. **As Upanishads**. São Paulo: Ibrasa, 1996. (Coleção Gnose).

TINOCO, C. A. **O pensamento védico**: uma introdução. São Paulo: Ibrasa, 1992. (Coleção Gnose).

TORWESTEN, H. **Vedanta**: Heart of Hinduism. New York: Grove Press, 1991.

TULL, H. W. **The Vedic Origins of Karma**: Cosmos as Man in Ancient Indian Myth and Ritual. Albany: State University of New York Press, 1989.

WANGU, M. B. **Hinduism.** 4. ed. New York: Chelsea House Publishers, 2009. (World Religions).

WASSON, R. G. **Soma**: Divine Mushroom of Immortality. New York: Harcourt Brace Jovanovich, 1971.

WEBER, M. **The Religion of India**: The Sociology of Hinduism and Buddhism. Glencoe: The Free Press, 1958.

WERNER, K. Yoga and the *Ṛg Veda*: an Interpretation of the Keśin Hymn (RV 10, 136). **Religious Studies**, v. 13, v. 3, p. 289-302, Sept. 1977.

WESCOAT JR., J. L. Muslim Contributions to Geography and Environmental Ethics: the Challenges of Comparison and Pluralism. In: LIGHT, A.; SMITH, J. M. (Ed.). **Philosophy and Geography I**: Space, Place, and Environmental Ethics. Lanham: Rowman & Littlefield Publishers, 1997. p. 91-116.

WILSON, H. H. (ed.). **Rig-Veda Sanhita**: a Collection of Hindu Hymns of the *Rig-Veda*. v. VII: The Seventh & Eighth Ashtakas. Translated by the original Sanskrit by H. H. Wilson. Edited by W. F. Webster. New Delhi: Cosmo Publications, 1888.

_____. **Vishńu Puráńa**: a System of Hindu Mythology and Tradition. London: Trübner & Co., 1868. (Works by the Late Horace Hayman Wilson, v. IX).

WITZEL, M. Vedas and Upaniṣads. In: FLOOD, G. (Ed.). **The Blackwell Companion to Hinduism.** Oxford: Blackwell Publishing, 2003. p. 68-98. (Blackwell Companions to Religion).

WOOD, A. **Interpreting the *Upanishads*.** Mumbai: Zen Publications, 1996.

BIBLIOGRAFIA COMENTADA

BIANCHINI, F. **A grande deusa na Índia**: uma breve história. Curitiba: Prismas, 2016.

Flávia Bianchini é uma pesquisadora brasileira que tem se dedicado ao estudo do hinduísmo e, especialmente, do feminino nas escrituras indianas. Seu livro é fruto do mestrado em Ciências da Religião pela Universidade Federal da Paraíba (UFPB). Nele, a autora apresenta a história de desenvolvimento da adoração da grande deusa pelo shaktismo, uma das principais linhas do hinduísmo. Trata-se de leitura importante para todos aqueles que querem ter uma visão mais profunda sobre essa linha religiosa.

FLOOD, G. **Uma introdução ao hinduísmo.** Juiz de Fora: Ed. da UFJF, 2014.

O livro do antigo professor da Universidade de Oxford é uma referência mundial no estudo do hinduísmo. Tendo sido publicado originalmente pela Cambridge University Press, foi traduzido para o português por Dilip Loundo, professor da Universidade Federal de Juiz de Fora (UFJF). É uma obra de ponta, fruto de pesquisa profunda e atualizada, que apresenta ao leitor o hinduísmo considerando pontos fundamentais, tais como conceitos-chave, a formação histórica da religião, sua abrangência, as tradições literárias e, principalmente, as diferentes realidades culturais atuais. O destaque são as grandes linhas do hinduísmo atual. Apesar de o título indicar que se trata de uma introdução, não é uma leitura superficial, afinal, acompanha a complexidade do próprio tema. É uma leitura recomendada para qualquer pessoa que queira conhecer mais sobre o hinduísmo.

RENOU, L. **Hinduísmo.** Rio de Janeiro: Zahar, 1964. (Biblioteca de Cultura Religiosa).

O livro, publicado no Brasil no âmbito da Coleção Biblioteca de Cultura Religiosa, da Editora Zahar, é tradução da obra *Hinduism*, de Louis Renou, publicada como um dos volumes da Coleção Great Religions of Modern Man, da Editora George Braziller (New York, 1962). Trata-se de uma obra célebre, escrita por um autor que foi professor de Sânscrito e Literatura Indiana na Sorbonne, em Paris, sendo produzida, portanto, por uma das grandes autoridades no estudo do hinduísmo do século passado. Apesar de antiga, permanece como um clássico no estudo sobre essa religião no contexto brasileiro, sendo uma obra cujo aspecto principal é a apresentação de excertos de diversos textos do hinduísmo, selecionados e explicados, a fim de possibilitar um contato do leitor com a vasta literatura dessa religião. É uma leitura que possibilita uma aproximação geral com a pluralidade literária do hinduísmo.

SILVESTRE, R. S.; THEODOR, I. (Org.). **Filosofia e teologia da Bhagavad-Gitā**: hinduísmo e o vaishnavismo de Caitanya – Homenagem a Howard J. Resnick. Curitiba: Juruá, 2015.

Composto por textos de vários autores, esse livro é considerado um avanço acadêmico importantíssimo no estudo do hinduísmo no Brasil. Ele oferece ao público brasileiro a apresentação e a análise do *Bhagavad Gitā* com base em uma leitura de autores internacionais e nacionais, em um trabalho conjunto extraordinário, com textos de grandes referências no estudo dessa religião no Brasil e no mundo. Trata-se de uma leitura recomendada a todos que desejam conhecer o *Bhagavad Gitā* com mais profundidade e a todos que intencionam dedicar-se academicamente ao estudo do hinduísmo.

TINOCO, C. A. **As Upanishads.** São Paulo: Ibrasa, 1996. (Coleção Gnose).

O livro foi escrito por Carlos Alberto Tinoco, professor das Faculdades Integradas Espírita, e é um trabalho de referência no Brasil a respeito dos *Upanishads*. Para além de uma introdução considerável a respeito desse conjunto de textos, oferece a tradução de alguns deles, com comentários elucidativos. É uma excelente leitura para quem deseja conhecer com profundidade as escrituras e a própria religião upanishade.

TINOCO, C. A. **História das filosofias da Índia.** Curitiba: Appris, 2017. (Selo Artêra). 2 v.

O livro é um trabalho de análise histórica e filosófica do pensamento na Índia, realizado por Carlos Alberto Tinoco, que dispõe de amplo conhecimento sobre o assunto. Trata-se de uma leitura importante para todos aqueles que desejam aprender mais sobre o hinduísmo, especialmente por uma perspectiva filosófica.

TINOCO, C. A. **O pensamento védico**: uma introdução. São Paulo: Ibrasa, 1992. (Coleção Gnose).

Também escrito pelo professor Carlos Alberto Tinoco, o livro é uma excelente introdução ao hinduísmo. O autor o apresenta a partir do *Veda*, trazendo alguns aspectos principais, tanto no nível social – tais como as castas e as fases da vida – quanto no nível metafísico – a exemplo dos conceitos de *karma*, *saṃsāra*, *moksha* e *atma*. É uma leitura recomendada para aqueles que querem avançar no estudo do hinduísmo, retomando e revendo seus aspectos principais à luz dos textos védicos.

RESPOSTAS

Capítulo 1

Atividades de autoavaliação

1. c
2. d
3. a
4. c
5. d

Capítulo 2

Atividades de autoavaliação

1. b
2. c
3. c
4. a
5. d

Capítulo 3

Atividades de autoavaliação

1. a
2. c
3. a
4. b
5. c

Capítulo 4

Atividades de autoavaliação

1. a
2. b
3. c
4. b
5. d

Capítulo 5

Atividades de autoavaliação

1. c
2. d
3. b
4. a
5. d

Capítulo 6

Atividades de autoavaliação

1. c
2. d
3. c
4. b
5. a

SOBRE O AUTOR

Willibaldo Ruppenthal Neto é licenciado, bacharel e mestre em História pela Universidade Federal do Paraná (UFPR), bacharel em Teologia pelas Faculdades Batista do Paraná (Fabapar), doutorando em História pela UFPR e membro discente do Núcleo de Estudos Mediterrânicos (Nemed) da UFPR. Atualmente, é professor da Fabapar, além de ser pastor auxiliar na Igreja Batista em Lindoia, na cidade de Curitiba.

Os papéis utilizados neste livro, certificados por instituições ambientais competentes, são recicláveis, provenientes de fontes renováveis e, portanto, um meio responsável e natural de informação e conhecimento.

FSC
www.fsc.org
MISTO
Papel | Apoiando o manejo florestal responsável
FSC® C103535

Impressão: Reproset